AF444467

OTRAS ORILLAS,
OTRA VEGETACIÓN

OTRAS ORILLAS, OTRA VEGETACIÓN

POESÍA FINLANDESA CONTEMPORÁNEA

Compilación y traducción
Lisbet Jover Tamayo

OTRAS ORILLAS, OTRA VEGETACIÓN:
POESÍA FINLANDESA CONTEMPORÁNEA

© De la compilación, prólogo y traducciones
Lisbet Jover Tamayo

© De los poemas, los respectivos autores

© De esta edición
Editorial Salto al Reverso
editorialsaltoalreverso.com
Ciudad de México, México, 2026

Primera edición: abril de 2026

Diseño de portada: Fiesky Rivas

Traducción de la nota editorial: Ida Karlsson Sunna

Esta antología fue publicada con el apoyo financiero de FILI - Finnish Literature Exchange.

Denna antologi gavs ut med ekonomiskt stöd från FILI - Center för litteraturexport.

Nota editorial

Otras orillas, otra vegetación: poesía finlandesa contemporánea nació de un intercambio inesperado entre diferentes nacionalidades y culturas. La presente antología recopila obras destacadas de poetas finlandeses traducidas del sueco al español. Surgida de la mente de la traductora y compiladora, Lisbet Jover Tamayo, su iniciativa produjo este compendio con lo más representativo de la poesía contemporánea de Finlandia en escritura sueca.

La pasión por los hallazgos literarios y la exploración de nuevos horizontes motivaron a los editores a cargo de esta obra a impulsar este proyecto. Sin duda, los versos aquí vertidos conectan las voces nórdicas con la calidez de una lengua romance como el castellano. A pesar de su novedad en el oficio de la traducción literaria, Jover Tamayo muestra un cuidado riguroso de los poemas de Eva-Stina Byggmästar, Peter Mickwitz, Martina Moliis-Mellberg, Victor von Hellens, Heidi von Wright y Mårten Westö, figuras con reconocidas trayectorias y variados estilos.

Para la traducción de este volumen, Editorial Salto al Reverso contó con los recursos de FILI - Finnish Literature Exchange, institución que promueve la publicación de literatura de Finlandia en todo el mundo. Anualmente, FILI otorga una subvención para cubrir parte de los costos de traducción de las obras. Este apoyo, dirigido a editoriales fuera de Finlandia que deseen contribuir a la difusión de la obra literaria del país, merece nuestro reconocimiento solidario. Agradecemos la oportunidad de ser parte de esta loable iniciativa, ya que, como fruto de esa colaboración, nace este florilegio, para acercar la belleza y profundidad de estas letras nórdicas a los lectores en español en cualquier lugar del mundo.

Kommentar från förlaget

Otras orillas, otra vegetación: poesía finlandesa contemporánea föddes ur ett oväntat möte mellan olika nationaliteter och kulturer. Denna antologi samlar framstående verk av finska poeter, översatta från svenska till spanska. Initiativet, som föddes ur översättaren och sammanställaren Lisbet Jover Tamayos idé, resulterade i denna samling med det mest representativa ur den samtida finska poesin på svenska.

Passionen för litterära upptäckter och utforskandet av nya horisonter motiverade redaktörerna bakom detta verk att driva projektet vidare. De verser som återges här förenar utan tvekan de nordiska rösterna med värmen i ett romanskt språk som spanska. Jover Tamayos omfattande erfarenhet som översättare berikar dikterna av författare som Peter Mickwitz, Martina Moliis-Mellberg, Victor von Hellens, Heidi von Wright och Mårten Westö, figurer med erkända karriärer och varierande stilar.

För utformningen av denna volym har förlaget Editorial Salto al Reverso fått stöd och resurser från FILI – Finnish Literature Exchange, en institution som stöder och främjar publiceringen av finsk litteratur över hela världen. Varje år beviljar FILI ett bidrag för att täcka en del av kostnaderna för översättningen av verken. Detta stöd, riktat till förlag utanför Finland som vill bidra till spridningen av landets litteratur, förtjänar vår uppskattning och solidaritet. Vi är tacksamma för möjligheten att få vara en del av detta vördnadsvärda initiativ, eftersom antologin är ett resultat av detta samarbete och syftar till att förmedla skönheten och djupet i den nordiska litteraturen till spansktalande läsare över hela världen.

(Traducción al sueco de Ida Karlsson Sunna)

Prólogo

Nademos. Crucemos el apacible gris verdoso del mar Báltico hasta la orilla opuesta. Hacia ese lado de la península. Escandinavia. Transmutable, y en cuya superficie parece hallarse, mas no es. Entre lo que no es Rusia y lo que no es Suecia, no es Dinamarca ni Noruega, lo que no fue imperio ni tampoco reinado, donde la floresta, el bosque, la tundra, los lagos y una perenne voluntad de nación pequeña confluyen en diferentes nombres: *Sápmi, Finland, Suomi*; pero también Ostrobotnia, *Åland*, Laponia y, allí recordada en la frontera este además, Karelia. Una región más plurilingüe y mestiza de lo que se juzga. Nademos hasta la orilla de Finlandia.

Presentamos en esta colección a seis poetas contemporáneos finlandeses en escritura sueca bajo una intuición: la poesía no es solo un territorio, un paisaje o una manifestación unilateral lingüística, sino un cruce, una apropiación de ese archipiélago, ese paisaje, y su recomposición. No pertenecen estas voces en idioma sueco-finés a una demarcación y, aun así, claman un pueblo; se mueven entre lenguas, entre géneros literarios, entre la ciencia y la lírica de la naturaleza, entre la historia y el sueño.

Es importante señalar que las costas del sur y el archipiélago meridional de lo que hoy se llama Finlandia fueron, durante siglos, nichos donde el alemán, el ruso, el sueco y el francés funcionaron como herramientas intelectuales y lenguas francas; mientras tanto, lo que hoy en día se constituye lengua oficial finlandesa, así como su diversidad de dialectos y variantes, eran considerados parte del mosaico lingüístico campesino del interior, rural y agreste. El primer intento exitoso de compilar una gramática de la lengua finesa surgió con la labor del obispo Mikael Agricola (c. 1510-1557) a mediados del siglo XVI. Considerado el padre del idioma finlandés —celebrado nacionalmente el 9 de abril, Día de Agricola—, también trabajó en la primera universidad de Finlandia, la Åbo Akademi (en la ciudad de Turku, nombre en finés). Aunque los idiomas de instrucción en aquel momento eran el latín y el sueco, sus responsabilidades como investigador lingüístico, filólogo y traductor lo llevaron a traducir al finés el Antiguo y el Nuevo Testamento, junto con otros textos bíblicos.

Dos siglos de dominio sueco en la provincia de Finlandia consolidaron el sueco como lengua de élite y de instrucción. El impulso de construcción nacional llevó tanto a la investigación como a la compilación de la epopeya nacional, *Kalevala*, y la poesía folclórica finesa, *Kanteletar*, de raíces finesas y carelianas, a cargo de Elias Lönnrot a mediados del siglo XIX, junto con sus traducciones de literatura del griego, alemán y sueco al finlandés.

Pese a eso, el poeta nacional del país, Johan Ludvig Runeberg, y la primera modernista, Edith Södergran, escribieron y consagraron su obra en el idioma sueco —esta última inició su creación literaria en ruso, alemán y francés antes de decidir abruptamente dedicar su obra únicamente al sueco en 1908—. No obstante, durante el siglo XIX, la élite intelectual finlandesa emprendió una estrategia consciente de promoción de la lengua finesa, orientada a la consolidación de una identidad nacional diferenciada en el contexto internacional. Este fenómeno fue analizado desde perspectivas sociolingüísticas por estudios como los de Pentti Virrankoski, *Suomen historiaa ja sen suuria nimiä* (2021), y el trabajo de Anna-Liisa Säntti, *Finlands svenska historia* (2023), sobre la construcción del nacionalismo finés en la literatura del siglo XIX. Cabe destacar que esta tendencia no fue exclusiva de Finlandia, sino que guarda paralelismos con procesos similares en otras regiones europeas, donde la literatura y el cambio de nomenclatura funcionaron como instrumentos de legitimación nacional, como lo demuestra el caso de la germanización en el contexto prusiano estudiado por Eric Hobsbawm en *Nations and Nationalism since 1780* (1990).

Desde una mirada actual, la creación poética se caracteriza por la constante problematización de la subjetividad, la memoria y el entorno, difuminando las fronteras entre géneros y discursos. Y es aquí donde encontramos a estos seis poetas. Cada uno escribe desde su orilla. Desde su hábitat. Desde su lengua —a veces incluso mezclando varias—. Y, sin embargo, todos parecen cimbrar ante lo mismo: la voluntad de cruzar.

* * *

Periodista cultural, traductor y escritor, Mårten Westö (Helsingfors, Finlandia, 1967), desde su debut en 1990 con el poemario *Vid tröskeln,* ha publicado una docena de obras, principalmente poemas y cuentos; a las que se incluyen obras de teatro radiofónicas, libros de entrevistas, de fútbol y de humor. Además, ha traducido alrededor de cuarenta obras, tanto prosa como teatro, en su mayoría del finés al sueco —como su trabajo de las obras del notable poeta Pentti Saarikoski—, aunque también del inglés a su lengua materna. «Escribir es, después de todo, tal vez solo un intento desesperado —y a veces vano— de detener el tiempo. El tiempo que creemos no tener», afirma el autor. Aparece desde sus inicios en Mårten el deseo de condensar observaciones sociales a través del prisma de la poesía, permeado por su oficio de corresponsal literario y traductor, en el que dialogan los fenómenos de la historia finlandesa y sueco-finlandesa con un yo lírico parte y abstracción de esas realidades a las que se acerca. En sus poemarios hasta el momento publicados —*Som om det fanns* (1992), *Nio dagar utan namn* (1998), *Nedslag i hjärtats diktatur* (2008) y el último *Fotnoter till en vandring* (2023)—, hay figuras centrales: hombres que caminan la historia, o que transitan por bosques, por márgenes sociales, por recuerdos bélicos. A veces calzados de una visión terrenal, cercana, a veces desnudos, sin nombre, para sentir el pie contra la tierra, en un acto de rebeldía hacia la vida burguesa —como sugería el modernista sueco-finlandés Elmer Diktonius—. El deseo de la caminata es literal y simbólico. En este reciente poemario de 2023, el acto de andar se muestra a través del paso del tiempo; es el peso del pasado, la pregunta por las huellas que dejamos en otros y en el mundo. Asimismo, Mårten Westö trabaja a menudo de manera concreta con lo oscuro y lo luminoso en sus poemas. Hay en medio de lo sombrío y melancólico una semilla de esperanza, una franja de luz que puede aparecer en forma de giro inesperado o de leve toque humorístico, destellos que no abandonan a este autor en ninguno de sus escritos en verso o prosa. Es Westö ante todo un observador sosegado, que no apático; un andante inquieto, alguien con quien conversar a la orilla del camino.

Heidi von Wright (Sibbo, Finlandia, 1980) escribe desde el umbral de la duermevela. Debutó como escritora en 2003 con la destacada colección de poemas *skör och spräcklig*. Von Wright estudió filosofía e historia del arte en la Universidad de Åbo Akademi, a principios de la década de 2000, y se formó como orfebre. Ha trabajado como periodista y editora; además, ha realizado varias exposiciones de arte en los últimos años. Y es el mundo plástico junto con el de la mixtura de materiales para crear composiciones tridimensionales lo que aparece en la orilla de su duermevela. Von Wright escribe en su mayoría versos breves y concisos, con un inconfundible sentido de lo ligeramente absurdo, lo cómico y lo burlesco de la existencia. Su sello y sus obsesiones radican en las colisiones, compresiones y contrastes lingüísticos que amplían nuestra mirada sobre la vida cotidiana y la aparente realidad material. *Delta* (2012), *Zon* (2014), *Som om m* (2016), *Mellanblad* (2018) y el último poemario *Mellan text och midnatt* (2023) son colecciones que ponen de manifiesto qué es arte poético en esta autora. En sus poemas, Heidi von Wright trabaja con exquisita predilección las oposiciones y contrastes generadores de tensión —tanto temática como lingüísticamente—. Se trata de explorar el mundo y ampliar la conciencia y los significados a través de orillas en dicotomía: dentro/fuera, silencio/palabra, sueño/realidad.

Para Victor von Hellens (Åbo, Finlandia, 1991), la existencia y, por tanto, su poesía, se hallan marcadas por la ambigüedad entre aceptación y lucha con la época a través de una melancolía directa. Sus observaciones del mundo no yacen en la ingenuidad, ni en el sentimentalismo, sino en los temas eternos, con y a pesar de contextualizarse en una era frugal e insulsa: la consciencia del amor, del desamor, del paso del tiempo, o esa sensación persistente de haber perdido algo que ni siquiera sabemos nombrar. En el otoño de 2020, debutó con la colección lírica *Något i tiden håller på att ta slut*, y en 2022, se publicó su segundo libro de poesía *Onkalo*, por el cual recibió el premio de poesía de la cadena Yle «*Den dansande björnen*». Von Hellens escribe con un tono a menudo reflexivo y meditativo, en el cual aparecen ligeros destellos de ironía o humor sereno, aunque sus reflexiones no culminan, no regresan a un tema inicial, y muchas veces se tiene la sensación de llegar con ellas a un camino sin salida. El plurilingüismo es parte de la vida de estos poetas y aparece en sus textos, como en los de von Hellens: hállanse en los poemas estrofas y frases sueltas tanto en finés como en inglés, algunas en hipertexto con las redes sociales en las que suele interactuar literariamente. Su último poemario, *Onkalo*, toma como partida la existencia de un depósito homónimo de combustible nuclear gastado, situado en el archipiélago de Ostrobotnia, al sudoeste de Finlandia. Esta composición crea un relato lírico en prosa donde un yo poético llamado Zubey cuenta, problematiza y dialoga sobre la crisis del hombre en la naturaleza. Estamos ante un fin, si no distópico, al menos desconectado de toda humanidad, la cual parece haberse extinguido a excepción del protagonista. Desde la orilla del monólogo interior, aparecen las cavilaciones de este guardabosques, devenido en ingeniero, devenido en animal alimentado por drones.

Encontramos en Martina Moliis-Mellberg (Ekenäs, Finlandia, 1984) un elemento temático: el agua. Esta marca origen y destino, mas es igualmente sustancia. Desde su debut en 2015 con el aclamado poemario *A*, luego en 2017 con la secuela *7*, y en 2021, *falk* —que fue nominado al premio Runeberg—, y *pisces szn*, hasta su última colección *medusa* en 2024, aparecen las aguas, plurales y en diferentes formas —lagos, glaciares, mares—; o la metamorfosis acuática y una divertida fauna colosal o ínfima: medusas, cnidarios, corales, anémonas y organismos blandos, obsesiones de la poeta. Además, su poesía a menudo gira en torno a cuestiones de anhelo y metamorfosis, aunque también la pérdida y la esperanza como una fuerza destructiva son temas recurrentes. Llama la atención en

Moliis-Mellberg ese cruce de tensión entre el lenguaje científico y la lírica. Puede escribir versos que parecen entradas de enciclopedia y, de pronto, deslizar una rima o un ritmo que nos devuelve al espectro emocional, como si dijera: «la poesía no está reñida con la precisión, al contrario, puede crecer ahí mismo, en la exactitud de una definición». No obstante, algunos textos son puramente descriptivos y definitorios, casi lexicográficos, y por ello pueden parecer bastante sencillos y unidimensionales. Son quizás la orilla de su antipoesía, como sus versos, reflejada en tentáculos ligeros y transparentes a lo largo de ese último poemario, *medusa*.

«Y al final solo queda el poema; podría decirse que está terminado: listo para vivir su propia vida sin autor. El poema es ahora un ser vivo con la capacidad de hacer cosas en el mundo», así comentaba Peter Mickwitz (Helsingfors, Finlandia, 1964) el proceso de creación de una colección de poemas que puede tomar años; o también una semana bajo la égida de construir ocho textos poéticos diarios. Filósofo y poeta debutante desde 1979, escribe además ensayos y prosa breve. Mickwitz ha sido galardonado con varios premios literarios, por ejemplo, el premio «*Den dansande björnen*», en dos ocasiones, tanto como poeta como traductor; y el prestigioso Premio Runeberg 2024 por *Misslyckad i en uggla*. Es coherente que el umbral por el cual transita este autor aúne lírica y reflexión; sus poemarios, ensayos y poesía se entrelazan como hipertextos para crear un fenómeno llamado *libro de poesía*. Muchas veces discurre sobre sus procesos creativos; otros ensayos adquieren la forma de prosa para verbalizar la misma perspectiva hacia otro lenguaje. Entre sus colecciones, destacan *För vad kroppen är värd* (2004), *Där bara diset återstår av paradiset* (2007) y su última publicación, *Av bilden – till det abstraktas lov* (2023), en la que discurre en prosa y lírica sobre la observación de dos pinturas de igual origen, aunque totalmente opuestas en representación plástica. Mickwitz nos invita a leer despacio. A aceptar que quizá no entendamos todo a la primera. A asumir que el poema, como cualquier ser vivo, necesita espacio para respirar.

«Un crítico escribió que debería hacerme notar más, salir a la palestra… pero ¡por favor! Soy una poeta naturalista y debo fundirme entre los abetos, hojas, piedras, piñas, grava y flores… Uno es lo que escribe, y yo quiero desaparecer. Perder mi linaje, nacionalidad. Quiero volverme transparente como el vidrio, convertirme en una nube plateada, quiero ser nadie». Eva-Stina Byggmästar (Jakobstad, Finlandia, 1967) es la liricista de la naturaleza, la observadora del cosmos, la poeta peregrina y soñadora, un sujeto lírico interespecie y atemporal que divaga a través de la escritura desde su debut con *I glasskärvornas rike* en 1986. Más de veinte poemarios condensan su creación. Dígase, *Men hur små poeter finns det egentligen* (2008), *Vagga liten vagabond* (2010) y *Hundarna sover i mitt hjärta men jag är vaken* (2025). Ha recibido varios premios por su obra, incluyendo el *Premio Aniar* (2018)y el *Premio Bellman* (2013). Registra su lírica sólidos y constantes temas: la exclusión, la soledad, la fuerza salvaje y bendita del amor, la naturaleza como sustento, utilidad y placer; y, no menos importante, las condiciones de la creación y la intransigencia del arte, el arte que a toda costa defiende Byggmästar como la necesidad natural. Hay en sus recientes poemarios una sensación de alejamiento contemporáneo, así como un anhelo de la libertad acogedora y sin límites de la naturaleza salvaje, del paisaje abierto y de la ausencia de contacto humano como condición para un contacto profundo con el yo y la fuerza creadora. Sin embargo, muéstrase a ratos una naturalidad con la que roza lo patético —sin cruzar esa línea— que nos devuelve a los mencionados modernistas Edith Södergran y Elmer Diktonius. Un yo lírico desde una orilla lejana, y al mismo tiempo seguro de sí mismo que no teme al decir: «mi corazón no conoce fronteras».

¿Qué une a estos seis poetas? ¿Hacia qué orilla nos deslizan las aguas e islas de este archipiélago desconocido? El recorrido, la habitación, el sueño, el agua, el silencio, el bosque. Otras distantes y al mismo tiempo asiduas orillas y, dentro de ellas, esta vegetación poética y su búsqueda.

Lisbet Jover Tamayo
Córdoba, España
Febrero de 2026

Otras orillas, otra vegetación

Mårten Westö

Autor
Helsingfors, Finlandia, 1967

Etyder för små timmarna

I
Tiden har inga horisonter. Tiden
äger ingenting utöver sin egen
blindhet. Dess rörelse sträcker
sig genom dig, möter din egen,
blottar den tidlösa, det oskrivbara
som jagar dig framåt

II
Tomrummet har aldrig existerat. Rörelsen
har aldrig upphört; du känner den svaga
fläktningen. Hukad rör du dig bland minnets
hägringar, på jakt efter den enda skuggiga
plats som väntar på dig med sin vila

III
Stillestånd är bara ett ord. Klockan slår
slag mot ditt hjärta. Stjärnorna vänder sina
kroppar mot jorden och tiden räknas ut.
Sprickorna helnar för varje dag som passerar
genom glömskans såll. Ditt jag återvänder
från en besynnerlig vandring.

IV
Äntligen skugga. I förlustens grepp
vaggades du fram över gamla avgrunder.
I nederlaget lades livet över dig som
en tunnare slöja. Någonting är överståndet;
håller till din egen tid. Världen kan
rädda sig från sig själv.

Estudio para las horas cortas

I
El tiempo no tiene horizontes. El tiempo
no posee nada más allá de su propia
ceguera. Su movimiento se dilata
a través de ti, encuentra el tuyo propio,
revela lo atemporal, lo no escrito
que te asedia más allá

II
La habitación vacía nunca ha existido. Los movimientos
nunca se han acabado; sientes la débil
brisa. Te agitas encorvado entre los espejismos
de la memoria, a la caza del único lugar
sombrío que te aguarda en su quietud

III
Marasmo es solo una palabra. El reloj golpea
contra tu corazón. Las estrellas rotan
su cuerpo hacia la Tierra y el tiempo se acaba.
Las grietas sanan al paso de los días
a través del tamiz del olvido. A ti regreso
de un extraño paseo.

IV
Finalmente la sombra. En el abrazo de la pérdida
te arrullaron por sobre abismos antiguos.
En la derrota se posó la vida sobre ti como
un velo delgado. Algo es consumado,
se ajusta a tu propio tiempo. El mundo puede
salvarse a sí mismo.

V

Du vandrar fram och vet inte när eller
vart du kommit...Idag är imorgon och
imorgon är redan igår. Allt det kommande
finns redan inom dig, allt det gångna finns
i det kommande. Du är spegeln som gör att
de båda sig själva som varandra. Det
finns ingenting annat än bilden som ständigt
varierar och bedrar sig själva.

VI

Din fantasi är det du minns, som du
ännu kan gripa. Din väg är en rykande
kedja av möten, bortstötningar, utlämnanden
som alltid varar. Dina steg är nya,
dina spår är färska. En framtid är även
din mörkaste historia.

V

Deambulas y desconoces desde cuándo
o de dónde has venido… Hoy es mañana y
mañana es ya ayer. Todo lo venido
existe ya dentro de ti, todo lo pasado existe
en lo venido. Eres el espejo que permite
que ambos se observen.
No hay nada más que la incesante imagen
que se transforma y seduce a sí misma.

VI

Tu fantasía es lo que recuerdas, como si
aún pudieras asirla. Tu camino es una cadena
humeante de encuentros, rechazos, desamparos
que siempre perduran. Tus pasos son nuevos,
tus huellas frescas. Un futuro es incluso
tu historia más oscura.

Sibeliania

I
En tom landsväg. Sprakande moln.
Oron armbågar sig fram i trädens hjässor

av darrande blad. Korna rör sig i ängsliga
klungor i den utbetade hagen. Åska: det är

rädslan som kastas in från haven; med
hopbitna käkar bär klipporna kaskadens

ursinniga tyngd, bortspolad jord,
kospillning. Vår hunger dundrar.

II
Det ljusnar mellan träden. Finlandia
ljuder som en avlägsen bön. Ögon

öppnas igen inne i dungen, tonen stadgas.
Skallgångare hittar sig själva

mellan otydbara spår. Du stannar
i flykten och undrar vad. Du är

igen ett ensamt centrum, den sprakande
stubintråden som på nytt närmar sig

en aningslöst öppen själ.

Sibeliania

I
Una carretera desierta. Nubes chispeantes.
La inquietud se abre paso entre las copas de los árboles

de hojas temblorosas. Las vacas se mueven en grupos
ansiosos por el pastizal raleado. Trueno: es

el miedo que llega desde los mares; con
mandíbulas apretadas sostienen las rocas

el peso furioso de la cascada, la tierra arrastrada,
el estiércol de vaca. Nuestra hambre retumba.

II
Clarea entre los árboles. Finlandia
suena como un rezo lejano. El ojo

se abre de nuevo dentro de la arboleda, el tono se afianza.
Los rastreadores se encuentran a sí mismos

entre vestigios imperceptibles. Te detienes
en la huida y te cuestionas. Eres

de nuevo un centro solitario, el hilo de mecha
chispeante que se acerca una vez más

a un alma ingenuamente abierta.

Vid tröskeln

V
Det kommer ständigt över oss
den här känslan av att

ingenting kan göras
och det som är ogjort

hinner vi aldrig återvända till -
Stormen har bedarrat;

Lögnerna och lugnet är här igen
Men vem låser in sig i dig?

Makt är endas makt
Någon avancerar ett pinnhål

och fängslar sig själv
Och vi har redan glömt

att livet nångång
hettat något annat

En el umbral

V
Siempre se aproxima hacia nosotros
este sentimiento de que

nada puede hacerse
y hacia lo que está deshecho

nunca alcazamos a regresar,
la tormenta ha amainado;

las mentiras y la calma están aquí de nuevo
pero ¿quién se encierra dentro de ti?

el poder es solo poder
alguien alcanza un peldaño

y se recluye a sí mismo
y ya hemos olvidado

que la vida alguna vez
perteneció a otro

Obra

Nio dagar utan namn
(Helsingfors, Söderström, 1998)

Volym

Ju mer jag vet om världen
desto mindre ger den sig till
känna. Kanske det är så
enkelt: att det inte har samma
hjärta, inte mitt. At t vi har den musik
vi förtjänar. Och om allt
kanske säger just det du tror
att det säger: att livet varken är mer eller
mindre än du själv: ett kärl av ljus
redo att ta in allt mörker
du är mäktig.

Volumen

35

Cuanto más sé sobre el mundo
más difícil este resulta de
comprender. Quizás es tan
simple: que no posee el mismo
corazón, no el mío. Que poseemos la música
que merecemos. Y si todo
tal vez expresa justamente eso que tú crees
que expresa: que la vida es ni más ni
menos que tú mismo: un receptáculo de luz
listo para absorber toda la oscuridad
que eres capaz.

Mellan två skuggor

De sista åren läste han bara i
samma bok; sin egen. Andra ord
grumlade till hans blick. Linjerna
på kartan, jag tänkte aldrig på att de
var hans skapelse, hans vener, att jag
rörde mig i hans blodomlopp. På
begravningen lade hans kolleger från
väg- och vattenverket tyst ner
sina blommor. Jag stöd och
virade ner kistan som var
omlindad av fyra band, och insåg
hur lätt jag själv kunde trilla dit.
Jag visste inte att han gillade
Chopins sorgmarsch förrän jag hörde
den framföras av en organist som knappast
var honom värdig. Det var då jag började
misstänkta att det kanske bara finns
en enda dikt att skriva, resten
berättar om en obetvinglig
tystnad som förökar sig djupt nere i
vår strupe, därifrån den ibland kan
förirra sig uppåt som sång.
Som om ljuset bara bröt
sig in mellan oss, i vårt språk
och gjorde oss synliga när
vi stod mellan två skuggor?

Entre dos sombras

Los últimos años ha leído solamente
el mismo libro, el suyo. Otras palabras
perturbaron su mirada. Las líneas
en los mapas, nunca pensé que fueran
su creación, sus venas, que yo
me moviera en su torrente. En
las exequias sus colegas del ministerio de
transporte acallaron
sus flores. Yo sostuve y
deposité el ataúd que estaba
envuelto con cuatro cintas y comprendí
la facilidad con la que yo mismo podría caerme.
No sabía que le gustaba
la *Marcha fúnebre* de Chopin hasta que la escuché
interpretada por un organista poco digno.
Fue cuando comencé
a sospechar que quizás solo existe
un único poema para escribir, el resto
habla de un silencio
incontenible que se multiplica profundamente en
nuestra garganta, desde donde a veces puede
bifurcarse hacia arriba como un canto.
¿Como si la luz solo se filtrara
entre nosotros, en nuestra lengua
y nos hiciera visibles cuando
nos encontramos entre dos sombras?

Obra

Fotnoter till en vandring
(Helsingfors, Förlaget, 2021)

I

Pa den liden vimlade stan
av ensamma äldre män som levde nästan obemärkt.
De delade hus med en i åratal utan att göra väsen av sig
I decennier kommunicerade de med grannarna
genom att strecka under ordningsreglerna i trapphuset
Bakom de fårade ansiktena kunde man ana sig till
alla minnen som fastnat som granatsplitter i kroppen
Ensamma strövade de längs gatorna
eller stod i givakt vid fredsmonumenten och stirrade ut i luften
I simhallsbastun ockuperade de den översta laven,
frågade aldrig om de fick kasta bad, jagade alla veklingar på flykten
Man såg dem spela schack med generationskamrater i parkerna
eller stillatigande slita i enarmade banditer i kvarterskiosken
Utan deras idoga samlande på krigslitteratur hade
landets antikvariat gått i konkurs för länge sedan
Under några intensiva år efter sin pensionering
översvämmade de insändarspalterna med texter
om kärnkraft, Kekkonen och frågan om Guds existens
Men när de blev änklingar slutade de intressera sig för omvärlden
Ögonvittnen kunde då berätta att man under höststormarna
skymtat dem ensamma på de stora passagerarfärjornas däck
liksom hukande över relingen
som om de koncentrerat lyssnat till röster från djupen
strax innan mörkret omslöt dem
mjukt, som en gång en kvinnas röst

I

La ciudad en su pequeñez se abarrotaba
de viejos hombres solitarios que vivían casi desapercibidos.
Compartían casa durante años sin hacer ruido
Por décadas se comunicaban con los vecinos
marcando las reglas de convivencia en la escalera común
Detrás de sus rostros arrugados se podían discernir
todos los recuerdos como esquirlas de granada en el cuerpo
Caminaban solos por las calles
o se erguían ante los monumentos de paz, mirando al vacío
En la sauna, ocupaban el sitio superior,
nunca pedían permiso al verter el agua, y ahuyentaban a los débiles
Se les veía jugar al ajedrez con sus camaradas en los parques
o en silencio tirando de las tragamonedas en el kiosko del barrio
Sin su incansable colección de literatura bélica, los anticuarios del
                              [país habrían quebrado hace tiempo
Durante unos intensos años después de jubilarse
inundaron las columnas de cartas al editor con textos
sobre la energía nuclear, Kekkonen y la cuestión de la existencia de Dios
Pero al enviudar, dejaban de interesarse por el mundo exterior
Los testigos podían contar que durante las tormentas otoñales
se les veía solitarios en las cubiertas de los grandes transbordadores
                                                    [de pasajeros,
agachándose sobre la barandilla,
como si escucharan atentamente voces desde las profundidades,
justo antes de que la oscuridad los envolviera suavemente,
como una vez hizo la voz de una mujer.

NÄR TVILLINGTORNEN STÖRTADE
var jag lyckligt ovetande
om att jag plötsligt
levde i en intressant tidsålder
jag stod på elektronikavdelningen
i ett stort varuhus mitt i stan
och följde med förödelsen tillsammans
med tiotals andra åskådare
som var lika förstummade som jag
samma kväll
åt vi middag på en restaurang
jag minns inte vad jag beställde
det var som om nån
utrotat mina smaklökar
men jag kommer ihåg att jag plötsligt
insåg att jag var beredd att dö
och att tanken aldrig slagit mig
förrän jag skärrad gick förbi parkerna
där de påstådda
kuverten med mjältbrandsbakterier
låg utplacerade
jag blev hysterisk
plöjde genom alla äckliga
tidningar bilder
del var knappt jag vågade
föra ungarna till dagis
tillvaron var med en ett öppet sår
jag ett lätt offer
för någons kusliga strategi

CUANDO LAS TORRES GEMELAS SE DERRUMBARON
yo era felizmente ignorante
de que comenzaba a vivir
en una época sugestiva
me encontraba en la sección de electrónica
de un gran almacén en el centro de la ciudad
y seguía la devastación junto
a decenas de otros espectadores
quienes estaban tan asombrados como yo
esa misma noche
cenamos en un restaurante
no tengo memoria de lo que pedí
era como si alguien
hubiera erradicado mis papilas gustativas
pero recuerdo que comprendí repentinamente,
estoy preparado para morir,
y que ese pensamiento nunca antes se me había ocurrido
aunque caminaba destrozado por los parques
donde los supuestos
sobres que contenían la bacteria del ántrax
se habían colocado
me volví histérico
inspeccionaba todas las imágenes
repulsivas de los periódicos
me paralizaba la idea de llevar
los niños al jardín de infancia
la existencia era una herida abierta
yo, una víctima fácil
para la estrategia espeluznante de alguien

det kändes som om jag höll andan i flera år
medan världen blåste på mig
med sin giftiga andedräkt

sentía como si por años hubiera estado sin respirar
mientras el mundo soplaba
su aliento venenoso sobre mí

Under några år millennieskiftet hände det
efter varje omskrivet mord att folk stirrade på mig på stan
Somliga sneglade under lugg eller skevade med blicken
andra gjorde hotfulla åtbörder
Ibland skakade de bara menande på huvudet
På krogen kom främmande man fram till mig på
småtimmarna och sluddrade *ookkonnaa polliisi*
Det dröjde ett lag innan jag fattade
att man miss tog mig för kommissarien
som i teve regelbundet redogjorde för polisens insatser
vid särskilt uppseendeväckande fall
Okända människor började ställa frågor
om intrikata polisiära angelägenheter
och kollegorna döpte mig till Wallander eller van Veeteren
Min sambo uppmanade mig att raka av mig håret
för att minimera risken för förväxlingar, jag var ju ändå på god väg
Samma höst detonerade en bomb utanför polishögkvarteret
det antogs ha med uppgörelser i den undre världen att göra
Åsynen av skinnknuttar fick plötsligt pulsen att skena iväg
och jag började be aftonbön for första gången sedan barndomen
Jag avskrev alla planerade reportage om vardagen i fängelserna
och praktiken bakom illegal skuldindrivning
och ägnade mig i stället åt kåserier för dagsboksidan
Jag minns att jag fann en vis tröst i det faktum
att någonstans där ute fanns en hårdhudad snut
som förbryllad skrapade sig i huvudet
när han under presskonferenser ombad redogöra för sin syn
på den finlandssvenska poesis framtid

Durante unos años alrededor del cambio de milenio ocurrió,
después de cada asesinato comentado en las noticias la gente me
                              [observaba en la calle
Algunos acechaban bajo su falsa mirada huidiza
otros hacían gestos amenazantes
A veces, simplemente sacudían la cabeza con ajena intención
En el bar, hombres extraños se acercaban a mí
a altas horas de la noche y murmuraban *ookkonnaa polliisi?*[1]
Me tomó un tiempo darme cuenta
de que me confundían con el comisario
que regularmente informaba en la televisión sobre las acciones de la policía
en casos especialmente notorios
Desconocidos comenzaban a hacerme preguntas
sobre intrincados asuntos policiales
y mis colegas me apodaron Wallander o Van Veeteren
Mi pareja me animaba a afeitarme la cabeza
para minimizar las confusiones, de todos modos iba camino a la calvicie
Ese mismo otoño, una bomba estalló fuera de la sede de la policía
se suponía que estaba relacionada con rencillas del mundo criminal
La visión de guantes de cuero hacía que mi pulso se acelerara y
                  [comencé a rezar por primera vez desde la infancia
Cancelé los reportajes planificados sobre la cotidianidad en las cárceles
y el delictivo ajuste de cuentas
y en su lugar, me dediqué a escribir columnas para la página del diario
Recuerdo que encontré cierto consuelo al pensar
que en algún lugar había un policía duro
rascándose perplejamente la cabeza
en las conferencias de prensa, si se le pedía su opinión
sobre el futuro de la poesía sueco-finlandesa

[1] En finés coloquial, significa «¿eres policía?».

DEN SOMMAREN HADE JAG EN KUSLIG KÄNSLA
Det var som jag anade att tillvaron
Strax skulle spåra ur eller åtminstone ta en
annan vändning

Staden var ett surrande getingbo av
Arbetslösa drönare som desperat
jagade sysselsättning sedan drottningen get sig av
De längtade efter krig

På sjukhusen såg alla läkare ut
som om de nyss gått ut högstadiet
och förortsbarnen stod tysta och lutade sig mot betongen
i väntan på given signal

Statyerna log i mjugg
som om de redan sett alltför mycket
Mina inre turistattraktioner hade slagit igen
för säsongen
Makthavarna visste ingen levandes råd

Om nätterna satt vi par om par i elektronikaffärernas skyltfönster
och väntade på att få uppgå i teverutornas barmhärtiga snöfall

ESE VERANO TUVE UNA SENSACIÓN ESCALOFRIANTE
Era como si hubiera intuido que la existencia
pronto se desviaría o que al menos tomaría una
ruta diferente.

La ciudad era un avispero de
Drones cesantes que buscaban
atormentados su propósito desde que la reina se había ido
Anhelaban la guerra

En los hospitales, los médicos parecían
recién graduados del liceo
y los niños de los suburbios estaban de pie en silencio apoyados
                                        [contra el concreto,
en espera de la señal acordada

Las estatuas sonreían con disimulo
como si ya hubieran visto demasiado
Mis particulares atracciones turísticas habían cerrado
la temporada
Los gobernantes estaban completamente indefensos

Por las noches nos sentábamos en parejas en los escaparates de las
                                        [tiendas de electrónica
y esperábamos a ser absorbidos por la misericordiosa nevada de las
                                        [pantallas de televisión

DET DU FRUKTAR ALLRA MEST
och som burit dig ända hit
är kanske bara en suddig gestalt
du skymtade i en kantstött spegel
genom en glipa i draperiet
längst inne i en spindelvävsfylld bod
en svettig sensommareftermiddag
i din barndom
när alla dom vuxna plötsligt var uppslukade av jorden
och du kände dig viktlös
och för första gången hörde den där rösten säga
att det var din uppgift
att härbärgera allt överblivet mörker
och vara pendeln som svänger
mellan denna värld
och nästa

A LO QUE MÁS TEMES
mas aún así te ha traído hasta aquí
es solo quizás una figura borrosa
que vislumbraste en un espejo astillado
a través de un resquicio en la cortina
en el fondo de una bodega llena de telarañas
una tarde sudorosa de finales del verano
en tu infancia
cuando la tierra se tragó a todos los adultos
y te sentiste ingrávido
y por primera vez oíste a esa voz decir
que era tu tarea
albergar toda la oscuridad sobrante
y ser el péndulo que oscila
entre este mundo
y el próximo

PÅ FÄRJAN
under den korta överfarten

slinter telefonen ur mitt grepp

hinner inte reagera
förrän den försvunnit i djupet

endast några gurglande ljud
nerifrån mörkret

vittnar om alla
missade anrop

från rösterna som tigits ihjäl
medan det brutala samtalet pågår

EN EL FERRY
durante la corta travesía

el teléfono se desliza de mi mano

no tengo tiempo de reaccionar
antes de que desaparezca en las profundidades

solo algunos ruidos burbujeantes
desde la oscuridad

dan testimonio de todas
las llamadas perdidas

de las voces que han sido silenciadas
mientras la extraordinaria conversación continúa

SKULLE SIMMA UT I DEN GRUNDA VIKEN

hejdades på stranden
av japanska turister
i sina munskydd

visste inte vart jag kommit
och vem jag skulle bli

tomheten var mitt tecken

jag själv ett öga
på väg att fyllas

av allt jag inte sett

i handen: hjärtat
den slitna budkavlen
jag plötsligt visste

att jag skulle hinna bära
ända i mål

PODRÍA NADAR EN LA BAHÍA POCO PROFUNDA

ser saludado en la playa
por turistas japoneses
en sus mascarillas

no sabía adónde había llegado
ni quien podría ser

el vacío era mi presagio

yo mismo un ojo
de camino a llenarse

de lo que no había visto

en la mano: el corazón
el mensaje desgastado
que de repente supe

llegaría a portar
hasta la meta

delta
(Helsingfors, S & S, 2012)
Obra

Heidi von Wright

Autora
Sibbo, Finlandia, 1980

i alla fall,
bordet ser ut så här

ritar flygfältet i det bortre hörnet
att roa sig och oroa sig på god grund
kulspetspenna för hållbara linjer
kroppsvisitering utfrågning säkerhet
parallella utgångar
motorvägen går in mot staden
skogar och åkrar avlöser
åar och diken utspridda
som halvtecknade bokstäver
de flesta vägar sträcker sig
mot en punkt
och ut åt andra håll
linjerna täcker så gott som hela bordet
ibland når de havet
det händer att skisser är mer utförliga än fullständiga teckningar
nu låtsas vi ta om det här ögonblicket
det här ögonblicket
varje minut är lyftande flygfarkoster fler än landande

en cualquier caso, así se ve la mesa

dibujo el aeropuerto en la esquina más lejana
divertirse y preocuparse por una buena razón
bolígrafo para líneas permanentes
cacheo, interrogatorio, seguridad
salidas paralelas
la autopista va hacia la ciudad
los bosques y campos se alternan
los ríos y las zanjas dispersos
como letras medio dibujadas
la mayoría de los caminos se extienden
hacia un punto
y se ramifican en otras direcciones
las líneas cubren casi toda la mesa
a veces llegan al mar
sucede que los bocetos son más detallados que sus dibujos
ahora fingimos repetir este momento
este momento
hay por minuto más aviones que despegan que los que aterrizan

diverse instrument

morgonsol på gatan
bilen på gården
i huset i köket på bordet skålen
i skålen i sockrets kristaller partiklar
oidentifierade ämnen som
påskyndar ovanliga
smärtsamma sjukdomar
sol är det och ingen har på länge påtalat
risken med ozonhål men förklarat att
ozonlagret inte är ett lager och
hålet i ozonlagret inte är ett hål
samt fastställt avgaser som möjlig orsak till gomspalt

instrumento diverso

sol naciente en la calle
el auto en el patio
en la casa, en la cocina, sobre la mesa: el cuenco
en el cuenco, en los cristales de azúcar, en las partículas:
sustancias desconocidas que
aceleran enfermedades
raras y dolorosas
es un día claro y nadie ha hablado en mucho tiempo
sobre el peligro del agujero en la capa de ozono,
mas sí han dicho que la capa de ozono no es una capa
y que el agujero en ella no es un agujero
y han determinado que los gases son posible causa del paladar hendido

XV

simmar med abborrgräs mellan tårna
över till andra sidor
annan växtlighet
vattnet inte lika salt
ändå salt
fiskarna inte likadana
ändå fiskar
ett hem för väsen
väsnas för att undvika
ännu ett överfall av svanen
med de vita fjädrarna
de svarta benen
chanslös också om jag försöker försvara mig
tänker vi båda och går åt varsitt håll

XV

63

nado y toco juncos entre los pies
hasta otras orillas
otra vegetación
el agua no tan salada
aún así salobre
los peces son diferentes
si bien, peces
un hábitat para seres
que hacen ruido y así evitan
otro ataque del cisne
de las plumas blancas
las patas negras
en vano si intento defenderme,
pensamos ambos y nos alejamos en direcciones opuestas

Obra

Zon
(Helsingfors, S & S, 2014)

OMTANKEN OM TANKEN
så här ser det ut
när vi avlägsnat det onödiga
ser det ut så här
en hugger ved, klyver
radar osymmetriska klabbar
i symmetriska travar
en annan ordnar
fotografier
därefter
håller upp
negativ
mot ljuset
ett och ett
en tredje stirrar framför sig
uttalar orden
utanför kroppen
i molnhöjd sådant som lyssnar till solljus
i motljus sådant som bländar moln

* * *

LÖVEN VÄRMER MIG
där jag ligger
när jag ligger
här bland buskarna
bildar mig
en uppfattning

Acercamiento al pensamiento
así se ve
cuando nos desprendemos de lo innecesario
se ve así
uno apuñala la madera, corta
trozos asimétricos
en montones simétricos
otro organiza
las fotografías
luego
sostiene
los negativos
a contra la luz
una a una
un tercero mira fijamente
pronuncia palabras
fuera del cuerpo
en los estratos de nube algo que escucha la luz del sol
a contraluz algo que deslumbra las nubes

* * *

Las hojas me calientan
allí donde yazco
cuando yazco
aquí entre los arbustos
me constituyo
un pensamiento

* * *

FÖR FÖRSTÅELSE
alltid
en skugga
över rummet
efteråt
som om

färger fattas
suset ett
andetagen tunga

* * *

KOMMER ALDRIG IHÅG
hur det börjar
men
vet att det upphör
och
vet att det upphör
när
vi blundar
vaknar

* * *

FÖR ATT FÖRSTÅ
rörelserna
för att förstå
rörelser

är det så här
du rör dig
eller så där
kanske är du någon
att luta mot

* * *

PARA EL DISCERNIMIENTO
siempre
una sombra
en la habitación
a su tiempo
como si

escasearan los colores
de murmullo
un jadeo ponderoso

* * *

NUNCA RECUERDO
como empieza
pero
sé que termina
y
sé que termina
cuando
estamos
en la duermevela

* * *

PARA COMPRENDER
los movimientos
para comprender
movimientos

se explica así
tú te mueves
o de esta otra
quizás eres algo
que se expande

PÅ ANDRA SIDAN
fönstret
en kopia
av det jag vill
att ska finnas

***

AL OTRO LADO
de la ventana
un calco
de lo que deseo que
exista

Allt som kan hända
kommer att

stäppen stenig och frusen
isbjörnar sälar lämlar
berättar på sina djurspråk
om allt de ser och sett
människor som kommit och gått
kommit bort och förblivit borta
längre norrut och isolerat
en handelsplats en tillflyktsort
rester av ett fiskeläger
senare
en militärbas
en väderstation
en forskningsstation
isen smälter nu underifrån
okända storheter påverkar det mesta
exkursioner bedrivs och misslyckas
provtagningen sker i sparsam utsträckning
i sparsam växtlighet senare återfinns
brev bevis fastfrusna i packisen drivisen
här säger de, det här var
mammutarnas sista utpost

Todo lo que pueda
suceder, será

la estepa rocosa y gélida
los osos polares las focas los lemmings
hablan en su idioma animal
sobre todo lo que ven y han visto
la gente que ha ido y venido
que se ha alejado y ha sido olvidada
lejos hacia el norte y aislado
un centro de negocios, un refugio,
restos de una aldea pesquera
más tarde
una base militar
un estación meteorológica
un centro de investigacion
ora se derrite la helada bajo el suelo
vastedades desconocidas lo afectan todo
se emprenden y fracasan excursiones
se toman muestras frugales en la medida de lo posible
luego aparecieron en la exigua vegetación
evidencias entre el hielo glacial flotante
aquí, dijeron, aquí estuvo
el último bastión de los mamuts

ALLT SOM GÅR ATT KOMMA IHÅG
en form mellan former
minnet av minnen
här ligger jag och kostar
precis som alla andra
endast det uppenbara är tydligt
allt som kan gå fel

som om människan
i enkelhet
i hel existens
är uppbyggd
av dessa fragment
är
det här
människans
sista utpost

TODO LO QUE SE RECUERDA
una forma entre formas
memoria de las memorias
aquí yazco y me cuesta
exactamente lo mismo que al resto
solo lo manifiesto e inequívoco
todo lo que puede errar

como si la humanidad
en su simpleza
en toda su existencia
estuviese hecha
de esos fragmentos
es
aquí
de la humanidad
el último bastión

Obra

Mellanblad
(Helsingfors, S & S, 2018)

DET INLEDDES OCH DET VAR
och det var inte
och jag bredvid

tyst och ljust
tyst och utsträckt
ljust och tyst

det var jag
och det var tyst
och jag var tyst

jag tittade ner
begränsat
jag tittade upp
begränsat

det var jag
och
det var jag
och det var inte jag

det var inte jag
och det var tyst
och det var ljust

och tystnaden var ljus och tyst

COMENZÓ Y FUE
y no fue
y yo próximo

silencioso y brillante
silencioso y dilatado
brillante y silencioso

era yo
y había silencio
y yo en el silencio

miré hacia abajo
menguado
miré hacia arriba
menguado

era yo
y
era yo

y no lo era
no era yo
y había silencio
y era brillante

y el silencio era brillante y sordo

JAG BÄR ERA RÖSTER MED MIG
nu lägger jag dem här

det är något med barren
som gör skogen speciell

det är något med kylan
som ger ljuset färg

det är något och sedan något och sedan
är det ingenting
kollapsen, det kollapsade materialet

I SKOGEN STÅR SKRIVBORD OCH STOLAR
med utsikt över gläntor
och öppningar

plötsligt
orden är snöflingrar
flingorna fastnar i fallet
smälter i solen

VIT OCH TUNG LIGGER DIMMAN ÖVER HAMNOMRÅDET
kranarna bugar sig mot havet
det finns så mycket att sudda ut och dölja
et sätt är att vänta tills väderleken slagit om
tagit hand om det som kan tas om hand
ett annat är att rätta sig efter tiden
ett tredje är att inte låta sig luras
det finns så mycket som är osäker
det finns så mycket att diskuteras

								* * *

LLEVO SUS VOCES CONMIGO
ora las dejo aquí

hay algo en lo yermo
que hace al bosque especial

hay algo en la frialdad
que le da color a la luz

hay algo y luego algo y luego
nada
el colapso, el material colapsado

								* * *

HAY EN EL BOSQUE UNA MESA Y SILLAS
con vistas hacia el claro
y el vacío

de repente
las palabras son copos de nieve
los copos se quedan atrapados al caer
se derriten al sol

								* * *

BLANCA Y PLÚMBEA SE INSTAURA LA NEBLINA EN LA ZONA DEL PUERTO
las grúas se inclinan hacia el mar
hay tanto que anular y esconder
una forma es aguardar a que el clima cambie
se haga cargo de lo que puede hacerse cargo
otra es adaptarse a los tiempos
una tercera es no dejarse engañar
hay tanto que es incierto
hay tanto por discutir

* * *

RÖRELSER ÖVER DET STORA HAVET
det finns en punkt när du ser strandlinjen
både i norr och söder

du landstiger
där ligger stan med sina torn och underjordiska
gångar
under jorden är temperaturen jämnare än ovan
livet där kräver annat
det går alltid att göra det bästa av situationen

* * *

VI BEHÖVER ETT NYTT SÄTT ATT SE
det här är det nya sättet
nu ser vi på det nya sättet
sätt dig här
se den nya världen

på det nya sättet
precis likadan

* * *

ALLT SOM INTE FRÖS FAST I VINTERN
allt som vintern inte tog med sig
overklighetskänslan
oro före avfärd
alltid en rörelse bakåt
att vakna och somna om
obehaget
oro för avfärd

* * *

LAS OSCILACIONES SOBRE EL MAR ABIERTO
hay un punto cuando observas la línea de la costa
en ambos norte y sur

desembarcas
allí está situada la ciudad con sus torres y sus caminos
subterráneos
la temperatura es más constante bajo que sobre la tierra
la vida allí requiere otras condiciones
siempre se puede sacar lo mejor de cada situación

* * *

NECESITAMOS UN NUEVO MÉTODO DE PERCIBIR
este es el nuevo método
ya percibimos el nuevo método
siéntate
mira el mundo nuevo

con el nuevo método
exactamente igual

* * *

TODO LO QUE NO SE CONGELÓ EN EL INVIERNO
todo lo que el invierno no se llevó
enajenación
inquietud ante la partida
siempre un movimiento tras de sí
despertarse y dormir como si
la incomodidad
inquietud ante la partida

* * *

TYSTNADEN
den billiga orden

det är oklart hur ägandeförhållanden
sett ut under århundraden

vi har läst manualerna

det finns alltid detaljer att glömma

* * *

FÖR ATT RINGA I UPPLEVELSEN
fixerar vi bocken vid stenar
träd och mössa. öga mot öga
med naturen. ett avlägset eko
av alla som en gång rört sig här
doften av tallbarr och jord
fjärilen fladdrar tyst
tar oss till vattenfallet och vidare

till källan

det finns alltid en källa
plockar platsen ur platsen
skalar bort tomrummet

nu sammanfaller ord och motiv

* * *

EL SILENCIO
las palabras asequibles

es impreciso cómo las relaciones de propiedad
han sido a lo largo de los siglos

hemos leído los manuales

siempre hay detalles que se olvidan

* * *

PARA INVOCAR LA EXPERIENCIA
pusimos la cabra entre las piedras
árboles y musgo, cara a cara
con la naturaleza, un eco lejano
de todos los que alguna vez rondaron por aquí
el olor a agujas de pino y tierra
la mariposa revolotea en afonía
nos lleva hacia la cascada y más

hacia la fuente

siempre existe una fuente
cribar el lugar del lugar
desprender lo vacuo

bien coinciden las palabras y el motivo

Någon i tiden håller på att at ta slut
(Helsingfors, S & S, 2020)
Obra

Victor von Hellens

Någon i tiden håller på att at ta slut

Autor
Åbo, Finlandia, 1991

Reykjavik

saltet på tungan
och Barbourrockens ständigt fuktiga fickor
Atlantvinden i håret
och horisonten
en ö
ett mitt emellan
och jag
alltid tre timmar efter Helsingfors
alltid fyra timmar före New York
söker skydd från

        havet vinden molnen
        kragen uppfälld
        alltid post-regn
        alltid pre-storm

vilka var alla de där amerikanerna
med vandringskängor och resebloggar
32K followers och *this is like literally*

                the edge of the world

fumlar runt i trånga hotellsängar
letar fram kondomer ur rinkor
att vakna bakfull
i fel land

ute på havet
dånet från vinden och motorn
tills vi saktar in

Reikiavik

sal en la lengua
y en los bolsillos siempre viscosos de mi chaqueta Barbour
el viento del Atlántico en el pelo
y el horizonte
una isla
a medio camino
y yo
siempre tres horas después de Helsingfors
siempre cuatro horas antes de Nueva York
busco amparo de

       el mar el viento las nubes
       el cuello de la chaqueta levantado
       siempre post-lluvia
       siempre pre-tormenta

quiénes eran todos esos estadounidenses
de botas montañeras y blogs de viaje
32 K followers y *this is like literally*

                the edge of the world

titubeo en angostas camas de hostal
rebusco preservativos en los abrigos
despertarse con resaca
en un país erróneo

en altamar
el estrépito del viento y el motor
hasta que nos detenemos

vi tystnar
avvaktar
väntar

men havet tiger

teg

vi såg inte valar den där gången

men vi kände tyngden av dem där de tyst
gled fram under oss

urtida jättar
ständigt på randen mellan två världar
mellan djupet och ytan
mellan drömmen och dagen
tysta skuggor
med fåror äldre än våra handflators historia

jag vaknar tidigt
tar på mig rocken
går till caféet
och sätter mig vid fönstret

jag ser ut på stadsborna där de går
under tunga himlar
med Atlantvinden i håret
hukade över
sina vardagar

hacemos silencio
aguardamos
esperamos

pero el mar enmudece

enmudeció

no vimos las ballenas aquella vez

aunque sentimos su peso cuando en silencio
se deslizaban bajo nosostros

gigantes prehistóricos
quietos en el abismo entre dos mundos
entre la profundidad y la superficie
entre el sueño y el día
sombras silentes
de estelas más antiguas que la historia de nuestras huellas

despierto temprano
agarro la chaqueta
me voy al café
y me siento al lado de la ventana

observo a los lugareños hacia donde se dirigen
bajo el cielo plomizo
con el viento atlántico en el pelo
agazapados
en sus días corrientes

Vardagen vädret
och smulorna

vid köksbordet kastar vi förstrött tärning
följer slött med när ödets små smulor
trillar fram
fem tärningar
är allt som behövs för att få yatzy
vi talar om dagen som gått
om dagen som förbrukats
om dagen som än en gång
varit aningen underväldigande

på instagram inget nytt
på ingenstans inget nytt
på ingenting inget nytt

erfarenheter är det man får
      då man inte får det man vill

säger han som återvänt från Silicon Valley
fattig men liksom ändå rik men liksom ändå jävligt besviken
lyssnar på podcasts
och vattnar växter vädrar
vart längtar vi
      när fönstren står på vid gavel
disken i diskhon
      och sängen
Seinfeld season 3
     and Friends
de inspelade skrattsalvorna

El tiempo diario
y las migajas

en la mesa de la cocina arrojamos dados distraídamente
aguardamos con desidia cuando las migajas del destino
ruedan
cinco dados
es cuanto se necesita para darse al Yahtzee
hablamos del día que ha pasado
del día que se consume
del día que una vez más
ha resultado algo desilusionante

en Instagram nada nuevo
en ningún lugar nada nuevo
en nada nada nuevo

«experiencia es lo que se obtiene
                    cuando no se alcanza lo que se quiere»

dicen aquellos que regresan de Sillicon Valley
pobres aunque ricos aunque jodidamente decepcionados
escucho pódcasts
y riego las plantas ventilo
lo que anhelamos
                    cuando las ventanas están abiertas de par en par
los platos en el fregadero
                    y la cama
Seinfield temporada 3
                    and Friends
las carcajadas grabadas

som håller mig sällskap
alla dessa dagar
av kaffe och regn

que me hacen compañía
todos estos días
de café y lluvia

Sommarkontor

lugnt på kontoret hela sommaren
bara jag och Jenni
vi säger inte mycket
skickar e-post och dricker kaffe
gömmer oss för världen

det är skönt att jobba med någon som är medveten om
och helt öppen med
att det som görs
sist och slutligen
inte spelar någon större roll

det meningsfulla sker någon annanstans
i andra sammanhang
på helt andra villkor

vi är här bara för att det är lättast så

i utbyte får vi någon sorts frihet

möjligheten att ibland
göra allt det där
som människan egentligen är menad att göra
– äta ärter och dylikt

där ute faller regnet
snart lunch
vi har inte ens lamporna tända

Oficina de verano

apacible en la oficina todo el verano
solo yo y Jenni
no nos decimos mucho
enviamos correos electrónicos y bebemos café
nos escondemos del mundo

es agradable trabajar con alguien que es consciente
e incluso sensata respecto a que
lo que se hace
al término de todo
no tiene ninguna importancia

lo significativo acontece en otro lugar
en otro contexto
y bajo otras condicionantes

solo estamos aquí porque es lo más sencillo

en cambio obtenemos algún tipo de libertad

la posibilidad de a veces
hacer todo eso
que el ser humano está realmente capacitado para hacer
—comer guisantes y análogos

fuera llueve
pronto el almuerzo
no hemos siquiera encendido las lámparas

Ibland
(om sommaren) i liv

ibland
då vi träffar våra gamla vänner
från en före detta hemstad från ett tidigare liv
kanske vi kramas och kanske vi tar en promenad

kanske vi även sätter oss vid en damm
och ser på änderna som simmar omkring i dammen
likt änder som simmar i en damm med änder
och kanske vi talar om hur det var då
och hur det sedan blev

och var det eventuellt gick fel eller rätt
och hur i helvete alla
trots allt
tycks ha blivit
något

förbi passerar kanske en grupp ungdomar
och vi kanske ser på dem
och vi kanske ser på varandra
för vi vet
att detta är sommaren
då de omger sig med människor de älskar just nu

och kanske kommer att älska för alltid
detta är sommaren
som för dem på sätt eller annat kommer att
och vi kanske minns tillbaka
till vår hemstads soluppgångar

A veces
(del estío) en la vida

a veces
cuando nos encontramos con nuestros viejos amigos
aquellos de no esta sino de la que fue nuestra ciudad de una vida anterior
quizás nos abrazamos y quizás damos un paseo

quizás nos sentamos junto a un estanque
y miramos los ánades que nadan alrededor
como ánades que nadan en un estanque con ánades
y quizás hablamos de cómo era entonces
y de luego como resultó

y de lo que después fue bien o mal
y de cómo diablos todos
a pesar de los pesares
parecen haberse vuelto
algo

por delante quizás nos pasa un grupo de jóvenes
y tal vez los observamos
y quizás nos miramos
porque sabemos
que este es el verano
durante el cual se rodean de personas que aman

y quizás vayan a amar para siempre
este es el verano
que para ellos de alguna u otra manera será
y quizás recordemos
los amaneceres de nuestra ciudad

parknätter högt uppe på sju kullar
            Rome Rome many tears have fallen here
splittrade glasflaskor mot bergsväggar
och en fucking Fibonacci skyline full av möjligheter
vrål.

och därmed är bilden av vår sommar då
mellan oss nu
återigen återskapad
och visst är det patetiskt kanske
att säga det högt
att det var den bästa sommaren i våra liv

sommaren

då vi låg på stränder på klippor under solar vid hav
slumrande
med ena sidan vaken
            ständigt utforskande
och den andra sidan sovande
            djupt inbäddad
            i våra livs stora drömmar

los parques nocturnos allá arriba en las siete colinas
                 Rome Rome many tears have fallen here
botellas de cristal fragmentadas en los caminos
y una *fucking Fibonacci skyline* llena de posibilidades
rugidos.

y por lo tanto la foto de nuestro verano en aquel entonces
ora aparece entre nosotros
una vez más recreada
y claro que es patético
decir en voz alta
que ese fue el mejor verano de nuestras vidas

el verano

en el que descansamos en los acantilados de las playas
somnolientos
con una parte despierta
                 continuamente explorante
y la otra dormida
                 profundamente sumergida
                 en los grandes sueños de nuestra existencia

Stadspromenader II

vi gick längs stranden under tystnad
från Lappviken till Hesperiaparken
mellan vattnet och begravningsplatsen
mellan vågorna och myllan

det var uppenbart
att vi skulle lämna det mesta outrett

en mås flög in från havet och landade på någons minne
och jag tänkte att de rätta formuleringarna
nog alltid ligger begravda
där någonstans
djupt nere
på världens botten

Paseos por la ciudad II

105

paseamos a lo largo de la playa bajo el silencio
desde la bahía de Lapp hasta el parque de Hesperia
entre el agua y el cementerio
entre las olas y la tierra

era evidente
que íbamos a dejar la mayor parte irresuelta

una gaviota sobrevoló el mar y aterrizó en la memoria de alguien
y pensé que las enunciaciones correctas
siempre se quedan enterradas
en algún lugar
insondable
en el abismo del mundo

Något i tiden håller
på att ta slut

utanför
försöker en alltför stor Audi fickparkera
i hörlurarna övergår sången i reklam
någonstans högt ovanför
dånar flygplanen tyst fram och lämnar efter sig
vita ärr på himlen
jag får för första gången känslan av att allt
kanske bara hänger
i en tunn
tunn
tråd

att blunda
att färdas i dröm
att krascha långsamt

Algo en el tiempo está llegando a su fin

fuera
intenta aparcar un Audi demasiado grande
en los altavoces cambia de canción a anuncio
en algún lugar en lo alto
rugen sordamente los aviones y dejan tras de sí
cicatrices blancas en el cielo
tengo por primera vez el presentimiento de que quizás
todo simplemente pende
de una fina
fina
hebra

cerrar los ojos
viajar en el sueño
colisionar lentamente

Zeitguest

de senaste månaderna har jag legat på golv
andats djupt
och försökt låta världen ha sin gång
jag vattnar mina blommor, äter ärter
och dricker kallt kranvatten ur stora svala glas
det hela är väldigt enkelt och avskalat
jag börjar hitta tillbaka
jag försöker även skriva brev
men min handstil har sedan länge övergett mig
kvar är bara stela streck
omöjliga att tyda
för mig
såväl som för andra

Zeitguest

durante los últimos meses, he estado acostado en el suelo
respirando profundamente
y he intentado dejar que el mundo siga su curso
riego mis plantas, como guisantes
y bebo agua gélida del grifo en grandes vasos frescos
todo es muy sencillo y minimalista
comienzo a aparecer
también intento escribir cartas
pero la caligrafía me ha abandonado desde hace tiempo
solo quedan trazos rígidos
imposibles de descifrar
para mí
o para los demás

ONKALO ÄR EN SLUTFÖRVARINGSGROTTA för kärnavfall. Den blev klar 2025 och finns på den finska västkusten.

Ingången jag vaktar ligger tjugo kilometer norr om Onkalo. Den finns inte på de officiella ritningarna och mig veterligen är det bara en handfull människor som känner till den. Dess betydelse är inte stor.

För att vara helt ärlig vet jag inte vad dess betydelse är.

* * *

ENLIGT MITT AVTAL ÄR JAG SKOGVAKTARE. Det är en fast anställning. Min arbetsgivare är staten. Jag antar att de håller koll på mig.

Ibland tycker jag mig höra viskningar bakom porten. Röster från den andra sidan.

Och vid fullmåne drömmer jag om mörka skepnader som rör sig i skogen. De gör mig aldrig illa, men enligt mina drömmars logik vill de mig något.

Osynliga krafter som vill in i och ut ur världen. Men min metallport är låst.

Det var egentligen aldrig min plan att hamna just här. I denna stuga, vid denna ingång. Allt jag ville var att lägga mig ner och sova någonstans långt borta.

ONKALO ES UNA CUEVA DE ALMACENAMIENTO para desechos nucleares. Fue terminada en 2025 y se encuentra en la costa oeste de Finlandia.

La entrada que vigilo está ubicada a veinte kilómetros al norte. No aparece en los planos oficiales y, hasta donde sé, solo unas pocas personas saben de su existencia. Su importancia no es relevante.

Para ser completamente honesto, no sé qué significa.

* * *

SEGÚN MI CONTRATO, SOY GUARDABOSQUES. Es un empleo permanente. Mi empleador es el Estado. Supongo que me vigilan.

A veces creo escuchar susurros detrás de la puerta. Voces del otro lado.

Y en noches de luna llena sueño con figuras sombrías que rondan por el bosque. Nunca me lastiman, pero de acuerdo con la lógica de mis sueños quieren algo de mí.

Fuerzas invisibles que quieren entrar y salir del mundo; pero mi puerta de metal está cerrada con llave.

No fue mi plan acabar aquí. En esta cabaña, junto a esta entrada. Todo lo que quería era acostarme y dormir en algún lugar lejano.

Jag sökte en isolerad tillvaro. Ensamhet i utkanten av en överbelamrad värld.

Man träffar sällan eremiter,

plötsligt är man en själv.

* * *

JAG SÖKTE MIG TILL RÖKIGA RUM. Gick in i dem. Höll andan. Letade efter orakel. Men allt stod stilla.

Jag väntade på ett svar, men syret höll på att ta slut.

Det känns så länge sedan nu. Jag hade långt hår då. Ner till axlarna. Du brukade fläta det, och sticka in små blommor i flätan.

Mitt hår: en äng, ett fågelbo, en skog.

Nu för tiden klipper jag ner mitt hår till åtta millimeter varannan månad. Jag laddar rakapparatens batteri och går ut på klippan med den lilla spegeln. Sätter mig på huk vid vattnet och låter bettet gå över huvudet. Efteråt blir jag sittande och ser på hårtestarna som skvalpar med sjögräset.

Vågorna som väller in. Efterdyningar. De kommer att fortsätta välla in.

Dynerna är öde. Horisonten är grå. Jag skriver mitt namn i

sanden.

ZUBEY

Efter nästa höststorm är jag borta.

Buscaba una vida aislada. Soledad en el borde de un mundo abarrotado.

Rara vez se encuentran ermitaños

y de repente te conviertes en uno de ellos.

* * *

ME BUSQUÉ EN HABITACIONES LLENAS DE HUMO. Entré en ellas. Contuve la respiración. Acechaba oráculos, pero todo estaba en silencio.

Esperaba una respuesta, pero el oxígeno se agotaba.

Parece que eso fue hace tanto tiempo. Entonces tenía el cabello largo. Hasta los hombros. Tú solías trenzarlo e insertarle pequeñas flores.

Mi cabello: un prado, un nido de pájaros, un bosque.

Hoy en día lo corto a ocho milímetros cada dos meses. Cargo la batería de la cortadora de pelo y salgo al peñasco con el espejito. Me agacho junto al agua y dejo que la navaja recorra mi cabeza. Después, me quedo sentado mirando los mechones de cabello que flotan con las algas.

Las olas que avanzan. Consecuencias. Continuarán avanzando.

Las dunas son el hado. El horizonte es gris. Escribo mi nombre en

la arena.

Z U B E Y

Luego de la próxima tormenta de otoño me marcho.

Inédita (2025)

En slutlig form

i förrgår ficka han höra historien
om den lilla kinesiska flickan som jobbade i en fabrik och med sina
                                            [små flinka fingrar
knopade ihop vacker och väldesignad elektronik tills hon en dag
                                            [snubblade
och föll ner på rullbandet och krossades i maskineriet
men ingen sörjde hennes död
för alla insåg att hon nu istället
blivit en vacker liten produkt

han känner sig inte speciellt vacker
men ibland lite som en produkt

han är inte säker på om han nått sin slutliga form
han undrar om han är en sån
som har sex
bara för att förstå något om sig själv

det var någon gång i gymnasiet
som han slutade vara rädd för att se skönhet i män
allt som behövdes var en käke med skäggstubb
som han kom rätt så nära
men han nöjde sig alltid med att beundra
på avstånd
och doften av Axe och Gillette

De una forma definitiva

ayer pudo escuchar la historia
sobre la joven obrera china quien con sus pequeños dedos
ensamblaba preciosos y bien diseñados objetos electrónicos hasta
[que un día tropezó,
se cayó en la cadena y fue crucificada en la maquinaria
pero nadie lamentó su muerte
todos constataron su transformación
en un hermoso y pequeño producto

a veces él no se siente especialmente bello
sino como un pequeño producto

no está seguro de si ha sido terminado de una forma definitiva
se pregunta si es uno de esos
que tienen sexo
solo para entender algo de sí mismos

sucedió alguna vez en el instituto
cuando la belleza masculina dejó de asustarlo
todo lo que se necesitaba era una mandíbula de incipiente barba
lo suficientemente cerca
pero siempre se conformaba con admirar
a distancia
y con el aroma de Axe y Gillette

Kupol

de lever alla
under en och samma kupol
han och de andra sökarna
Klock-plattformen
the dog-app for dogs
Trådarna, himlen
en explosion någonstans i en annan del av världen
och hans telefon darrar till
Ingen har vunnit ett krig på snart hundra år
Ingen har "vunnit" ett krig på snart hundra år
alla är utmattade
och TV:n står fortfarande på i vissa rum

Cúpula

todos viven
bajo una misma y única cúpula
él y los otros buscadores
la plataforma del reloj
the dog-app for dogs
Los hilos, el cielo
una explosión en algún lugar, en otra parte del mundo
y su teléfono tiembla
Nadie ha ganado una guerra en casi cien años
Nadie ha "ganado" una guerra en casi cien años
todos están agotados
y la tele continúa encendida en algunas habitaciones

a
(Helsingfors, S & S, 2015)
Obra

Martina Moliis-Mellberg

Autora
Ekenäs, Finlandia, 1984

Ad undas

Cousteau seglar de sju haven med sin besättning.
Han katalogiserar småfiskar och provdyker utrustning.
Han visslar uppe på däck. Han sitter i undervattenskammaren
och tittar på havet. Han läser en biografi
över Edith Piaf.

Han borde vara lycklig, men det är han inte.
Det har inte alltid varit så. Men nu är det. Som att
Cousteau inte kan andas när han vaknar på morgonen.
Inte ens närheten till havet hjälper, tvärtom. Så nära
men inte där, tänker Cousteau när han står på däck.
Visslar gör han allt mer sällan.
Han börjar istället fördriva mer och mer tid
i undervattenskammaren. Han ritar skisser och slår upp.
Men mest tittar han. Trycker pannan mot glaset.
Håller andan i över en minut.

Det är inte bara tystnaden, det är vattnet i sig. Hur det
lägger sig runt kroppen, hur det är något att luta sig mot.

Han har en återkommande dröm. Om valarna.
I drömmen är vattnet varmt och valarna flyter fram som
stora ballonger. De hälsar på honom, simmar runt honom,
tar i hand. Sedan blir vattnet kallare. Valarna utvecklar
långa mammutbetar och pressar sig mot honom tills han
tappar andan.

Ad undas[1]

Cousteau navega por los siete mares con su tripulación.
Cataloga peces pequeños y prueba el equipo de buceo.
Silba en la cubierta. Se sienta en la cámara subacuática
y observa el mar. Lee una biografía
sobre Edith Piaf.

Debería ser feliz, pero no lo es.
No siempre fue así, mas es ahora. Como si
Cousteau no pudiese respirar al despertar en las mañanas.
Ni siquiera la cercanía del mar le ayuda, al contrario. Tan cerca
y aún no allí, piensa Cousteau mientras permanece en la cubierta.
Cada vez silba menos.
En cambio, comienza a pasar más tiempo
en la cámara submarina. Dibuja bocetos y busca referencias.
Pero, sobre todo, observa. Apoya la frente contra el cristal.
Contiene la respiración por más de un minuto.

No es solo el silencio, es el agua en sí misma. Como esta
se coloca en torno al cuerpo, como se constituye algo sobre lo que
[descansar.

Cousteau tiene un sueño recurrente. Un sueño con ballenas.
En el sueño el agua es cálida y las ballenas flotan como
globos inmensos. Lo saludan, nadan alrededor,
se dan la mano. Luego vuélvese el agua gélida. Las ballenas desarrollan
unos colmillos de mamut y lo aprisionan
hasta dejarlo sin aliento.

[1] Locución latina que en los países nórdicos toma la connotación de fracaso.
La frase originalmente significaba «hacia las olas».

Han ser drömmen som ett tecken. Börjar studera
havsdjurens andningsmekanik. Gälar. Gälspringor.
Filament. Membran. Det måste gå.
I sin loggbok skriver han:
Det måste gå.

Och det går. Cousteau når vattnet som om något drog
honom neråt.
Först håller han andan, vågar inte försöka, men han har
aldrig klarat mer än en minut och tretton sekunder och
det gör han inte nu heller.

Han öppnar munnen och låter vattnet skölja in, genom
gälspringorna ner mot ett par fenor. In i munnen och så
ut. In i munnen och så ut.

Cree que el sueño es una señal. Comienza a estudiar
la mecánica de la respiración en animales marinos. Bránqueas.
                                        [Hendiduras.
Filamentos. Membranas. Tiene que funcionar.
En su bitácora escribe:
«Tiene que funcionar».

Y funciona. Cousteau se sumerge en el agua como si algo lo
                              [arrastrara hacia el fondo.
Primero contiene la respiración, no se atreve, nunca
ha alcanzado más de un minuto y trece segundos,
y tampoco ahora lo consigue.

Abre la boca y deja que el agua lo inunde, a través
de las hendiduras de sus branquias hasta un par de aletas.
Hacia dentro y fuera de la boca. Dentro y fuera de la boca.

Obra

7

(Helsingfors, S & S, 2017)

Norra ishavet

Hur den böjde sig och bredde ut sig, jag kände det först.

Varje dag mätte vi, ute bland isflaken. Linan och tyngden. Plötsligt
var berget rakt under mig. Plötsligt var det en del av mig, det var
som om min hand blev till lina blev till tyngd blev till rygg. Vi rörde
oss tillsammans. Jag väntade med att ropa till de andra. Lät ryggen
föra min hand över havsbottnen, kände dess enslighet sprida sig i
muskulaturen.

Om dagarna stod de andra på isen och förundrades över det vita.
Flaken, formationerna. Isbjörnarna som nyfiket närmade sig och
fick skrämmas bort med nödraketer. Allt fick ett ah och ett oh.

De visste inte att det verkliga miraklet låg under dem. Att de prak-
tiskt taget stod på den, utan att veta. Det gjorde mig uppspelt och
alldeles rasande.

(...)

Jag fyllde dagarna med fördjupade språkstudier och fortsatt fors-
kning kring isbergens uppkomst. Det hjälpte inte. Jag blev ordfö-
rande i vetenskapsakademien. Det hjälpte inte heller. I tre år expe-
rimenterade jag sedan med de kemiska egenskaperna hos mineraler
för att förstå mig på den ädla mosaikkonsten, men inom mig fanns
bara saknad.

Océano ártico

Como se inclinaba y expandía, fue lo primero que aprecié.

Cada jornada medíamos entre los témpanos de hielo. La cuerda y el peso. De repente, la montaña estaba a mis pies. De repente, era parte de mí, como si mi mano se convirtiera en cuerda, en peso, en dorso. Nos movíamos juntos. Esperé antes de llamar a los demás. Dejé que fuera el dorso lo que guiase mi mano sobre el lecho marino, sintiendo cómo su soledad se extendía por la musculatura.

Durante el día, los demás permanecían sobre el hielo y se maravillaban ante la blancura. Las placas, las formaciones. Los osos polares que se acercaban con curiosidad y ahuyentábamos con cohetes de emergencia. Todo provocaba un «ah» y un «oh».

No sabían que el verdadero milagro yacía bajo ellos. Que prácticamente estaban sobre él, sin saberlo. Eso me emocionaba y me enfurecía profundamente.

(…)

Llené mis días de complejos estudios lingüísticos y continué investigando sobre el origen de los icebergs. No sirvió de nada. Me convertí en presidente de la academia de ciencias. Tampoco ayudó. Durante tres años experimenté con las propiedades químicas de los minerales para comprender el noble arte del mosaico, pero en mi interior solo había añoranza.

Östersjön

Det är en ö väster om allt. En ö med kala klippor och vågbränningar. Här finns bara horisont. Horisont och bräckt vatten.

Du är här för att vila, för att återhämta dig. Det har varit ett tungt år men du är redo att gå vidare. Du är redo att känna dig stark igen.
Du har kommit hit ensam och ensam ska du vara. Så länge det tar. Du har sagt att de inte får kontakta dig. Att du måste få vara ifred. Du har sagt att du behöver komma bort. Andas in den friska luften och känna närheten till havet. *Det är bra för mig*, har du sagt. *Jag kommer att bli mig själv igen.*

Du promenerar runt ön varje dag. Det tar mellan tolv och fjorton minuter, det är en liten ö. Det är glest mellan de passerande båtarna, men lastfartygen syns

som prickar längs horisonten. Du simmar i den lilla viken. I början tar du på dig baddräkten inne i stugan men så förstår du vidden av din ensamhet. Du kan vara naken hela tiden om du vill. Det vill du inte.

Du har rutiner, det tycker du om. Du behöver ha kontroll, också på en plats som den här. Dagarna är långa, de måste fyllas.

Du har svårt att koncentrera dig. Det känns som att ön krymper för varje dag. Du går inte ut mer än

Mar báltico

Es una isla al poniente de todo. Una isla de acantilados y olas
quebrantes. Solo hay horizonte. Horizonte
y agua salobre.

Aquí estás para descansar, reponerte. Ha sido un año duro,
mas estás listo para continuar. Presto a sentirte
otra vez fuerte.
Has venido solo y solo has de estar. El tiempo que tome.
Has pedido que no se te contacte.
Que se te debe dejar libre. Has dicho que necesitas
alejarte. Respirar la frescura del aire y sentir
la cercanía del mar. «Es beneficioso para mí», has dicho.
«Volveré a ser yo mismo».

Caminas alrededor de la isla cada día. Te demoras entre doce
y catorce minutos, es una isla pequeña. Es escaso
el paso de los barcos, aunque los cargueros parecen

manchas en el horizonte. Nadas en la caleta.
Al principio te pones el traje de baño dentro de la cabaña,
mas luego comprendes la dimensión de tu soledad. Puedes estar
desnudo todo el tiempo que quieras. No ansias esto.

Tienes rutinas, esto te agrada. Necesitas tener el control,
también en un lugar como este.
Los días se alargan, deben de ocuparse.

Te es difícil concentrarte. Pareciera que la isla
se reduce cada día. No sales más de lo necesario,

nödvändigt, du tycker inte om att lämna stugan. Du
känner dig inte ensam längre.

Du tar fram telefonen men slår fel pinkod tre gånger.
Du är säker på att du minns rätt. Du är också säker på
att telefonen du hade med dig var av en annan modell.
Du springer ner till bryggan och kastar den i havet.
Sedan springer du snabbt tillbaka.

Snart förstår du att tiden rör sig annorlunda här.
Klockan är alltid kvart över två, fem före sju, tolv, tre,
halv fyra. Det är alltid måndag. Det är alltid mitt i
natten. Du minns inte längre när du kom hit.

Syrsorna skriker i natten. Du öppnar dörren och
skriker tillbaka.

Du vaknar i viken, naken den här gången. Rök och
värme sprider sig fortfarande över ön. Vinden har
mojnat och solen håller på att gå upp. Du ser en sjö-
fågel ute vid grundet. Den tittar på dig. Du sänker dig
långsamt tillbaka ner under ytan.

no te complace dejar la cabaña.
No te sientes solo ya.

Tomas el teléfono pero fallas el código tres veces.
Estás seguro de que lo recuerdas. También estás seguro de que
el teléfono que llevabas era de otro modelo.
Corres hacia el embarcadero y lo arrojas al mar.
Luego vuelves con presteza.

Pronto comprendes que el tiempo pasa diferente aquí.
El reloj marca siempre y cuarto de las dos, cinco para las siete,
para las doce, para las tres, las tres y media. Siempre es lunes.
Siempre es medianoche. No recuerdas cuándo llegaste.

Los grillos chirrían en la noche. Abres la puerta y
les gritas de vuelta.

Despiertas en la ensenada, desnudo esta vez.
Humo y bochorno se expanden sobre la isla.
El viento se ha calmado y el sol intenta salir.
Distingues un ave marina cerca de la orilla. Te observa.
En sosiego te hundes otra vez bajo la superficie.

Obra

falk
(Helsingfors, S & S, 2021)

EN STAD SJUNKER UNDAN
ger efter för lager av tid
ur kollapsen stiger

förlorade kustlinjer
anlete konstruktion
en falk vid horisonten

jag ser mig själv sköljas upp på en strand
otyglat vatten i lungorna
skrapmärken på halsen där gälarna satt

fjäll skingras som kristaller under ytan
huden genomskinlig runt
ömsat skinn i vinden

handled blindtarm rodnad
en tillblivelse i tillblivelsen
jag fäster lungorna med tång och snäckor

resterna av ett varande
stockar öppningarna
vill dem både in och ut

tiden rör sig bortom
det som vidgas och sluts
vad är mer undanglidande än

UNA CIUDAD SE HUNDE
cede ante capas de tiempo
del colapso surge

líneas costeras perdidas
rostro de construcción
un halcón en el horizonte

aparezco arrastrado en la orilla de una playa
agua desbocada en los pulmones
marcas de rasguños en el cuello donde estuvieron las branquias

las escamas se dispersan como cristales bajo la superficie
la piel translúcida a su alrededor
piel mudada en el viento

apéndice inflamado
un comienzo en el comienzo
fijo los pulmones con pinzas y caracoles

los restos de un ser
bloquean las aberturas
deseo tanto que entren como que salgan

el tiempo se mueve más allá
de lo que se expande y se cierra
de lo que es más elusivo aún

dagar av regn
oanade möjligheter och falska sår
endast mörk materia där kärnan ska sitta

sömnen gömd i en labyrint
all längtan finns inuti
ett smycke att bära under tungan

drömmen rinner ner i svalget
bygger ett bo av det
som stormfloden ger tillbaka

ge mig tillbaka
jag ber
ge mig tillbaka

días de lluvia
posibilidades inesperadas y heridas falsas
solo materia oscura donde debe estar el núcleo

el sueño oculto en un laberinto
todo anhelo existe dentro
una joya para llevar bajo la lengua

el sueño fluye por la garganta
construye un nido con aquello
que la marea devuelve

llévame de vuelta
te lo ruego
llévame de vuelta

Obra

medusa
(Helsingfors, S & S, 2024)

EN FRISIMMANDE MEDUSA KLOCKFORMAD FYLLD AV VATTEN
munnen placerad på undersidan
tentaklerna i krans runt kroppen

munnar munarmar fångsttrådar rovdjur
små organismer som flyter eller sjunker långsamt

uppför sig så som maneter
lever en och en svagt färgade i vitt violett
släpar tentaklerna genom vattnet

även kristallmaneter kan vara ljust rosenröda grönaktiga
med tentakler som ökar i antal

det mesta dolt av sediment och hängen av olika sorter
en yttre krans och en inre
rörbyggande mindre betryggande och ändrar färg till följd av ljuset

UNA MEDUSA NADADORA, LIBRE, EN FORMA DE CAMPANA LLENA
                                        [DE AGUA
la boca situada en la parte inferior
los tentáculos dispuestos en un anillo alrededor del cuerpo

bocas brazos de la boca hebras de capturar depredadores
pequeños organismos que flotan o se hunden lentamente

se comporta como cnidarios
viven solas, ligeramente coloreadas en violeta blancuzco
arrastran los tentáculos a través del agua

también las medusas cristal pueden ser de un color rosado brillante
                                        [o verdoso
con tentáculos que aumentan en número
la mayor parte está oculta por sedimentos y colgajos de diversos tipos
una corona exterior y una interior
construcción tubulosa menos adecuada que cambia de color según
                                        [la luz

Peter Mickwitz

Autor
Helsingfors, Finlandia, 1964

Rimesis

148

i skogen står en spegel
framför spegeln står en Hegel
Hegeln ser i spegeln
de röda smala benen,
den vassa långa näbben,
”lik men ändå så olik” tänker
Hegeln och tar ett kliv
in igenom spegeln

Rimesis

149

hay en el bosque un espejo
ante el espejo un Hegel
dicho Hegel en él se observa
rojas y delgadas las piernas
el pico largo y afilado
«cierto y aún incierto» piensa
Hegel y se adentra
de un paso en el espejo

Men vad blev det av det som heter frihet?

Och så som den stackars ankungen präglas vid första bästa människa hon ser och tror att den människan är hennes mor, hennes far, hennes biologiska eller obiologiska föräldrar eller hennes frånskilda föräldrar eller hennes partnerskapsföräldrar eller hennes älskade krokodil eller den trehövdade totototauren från bortre belugien, så präglas också vi av första bästa godtyckliga historia någon skrynklig slashas håller upp framför våra undrande ögon och tror att denna usla fantasilösa historia är vi att den är vårt land vårt land att den är jag och jag den och därför världens elftiotolfte underverk och så ligger man där och allt är över innan det ens hann börja och glöm allt vad underverk heter!

¿Mas qué fue de aquello llamado libertad?

¡Y así como el pobre patito se forja en la primera persona que ve y cree que esa persona es su madre, su padre, sus padres naturales o antinaturales o sus padres divorciados o sus padres consumados o su amado cocodrilo o el totototauro de tres cabezas del lejano Belugistán, así también nosotros forjados en la primera historia arbitraria que cualquier harapiento arrugado levante ante nuestros ojos atónitos y creemos que esa fatua historia somos y que es nuestra patria oh patria la patria que es yo y yo ella y por consiguiente la undécima o duodécima maravilla del mundo y uno ahí yace y todo se acaba incluso antes de haber empezado y olvida todo lo que la maravilla ha nombrado!

Vad jag älskar

smittkoppsvirusets betydelselösa skönhet
(för att allt det som måste sägas har en form)

våglängderna som låter mig se de färger
som strömmar ur dig i allt det du säger

det som kryper i mig och redan mäter upp all den rymd
min kropp kommer att behöva när den inte längre finns

kalla stetoskop av stål som trycks mot grå och sprucken hud
i undersökningsrum där ljuset faller i tunna strålar av tårar

den värld jag, du, kanske vi lever i, som inte finns

det som lever i oss, dig, kanske i mig, och kallar sig värld

prepositioner, subjunktioner för att det är världsmusik

vitmenade lögner i vilka fruktansvärda sanningar ruvar

en sval hand på min bak, nätter jag inte kan sova

röster i falsett som hänger kvar likt ljus i urskog
när det hemska mötet för längesen är över

att jorden på riktigt är en väldig nedförsbacke
och de barn som ännu förstår och åker utför

Lo que amo

la belleza insignificante del virus de la viruela
(porque todo lo que debe nombrarse tiene una forma)

las longitudes de onda que me permiten ver los colores
que fluyen de ti en todo lo que dices

lo que repta en mí y ya mide todo el espacio
que mi cuerpo necesitará cuando no exista

los fríos estetoscopios de acero contra la piel gris y agrietada
en salas de examen donde la luz cae en finos haces de lágrimas

el mundo en el que yo, tú, quizá nosotros vivimos el cual no existe

eso que vive en nosotros, en ti, quizá en mí y se llama mundo

las preposiciones, conectores porque eso es la música del universo

las mentiras piadosas en las que yacen verdades terribles

una mano fría en la espalda las noches en que no puedo dormir

las voces en falsete que permanecen cual luz en la selva virgen
al término del espantoso encuentro

que la tierra es en verdad una enorme cuesta abajo
y los niños que aún lo entienden se deslizan por ella

mina av alla sinnen rubbade proportioner
och att min hand kan bära hela stora världen

mig själv och det oundvikliga jag kallar framtid

mis proporciones alteradas de todos los sentidos
y que mi mano puede sostener el mundo entero

a mí mismo y lo inevitable que llamo futuro

Önskar du var här

där alla andra barn redan lärt sig spela flöjt med näsan

där hela vinterns snö faller i 626 377 flingor
som alla har exakt samma form

där den *dubbelprickiga moralen* sjunger och slår drillar
högt över blommande fält och ängar ljusa försommardagar

där det finns jord skall vi plöja den tillsammans
där det finns jord skall vi plåga den tillsammans

där man arrangerar världsmästerskap i burfågelsång
och äter upp vinnarna men låter förlorarna gå till historien

där historien öppnar sina dörrar för alla förlorare

där fönstren beskyller dörrarna för att missbruka väggarna
där dörrarna går

där väggarna strejkar och låter allting passera igenom sig

där där är här och där

där väggarna strejkar och låter allting passera igenom sig

där där är här och där

Ojalá estuvieras aquí

donde los niños ya aprendieron a tocar la flauta con la nariz

donde toda la nieve del invierno cae en 626,377 copos

todos de la misma exacta forma

donde el pájaro «dupluxpunctata moralen» canta y ejecuta ritmos
                                                    [en lo alto
sobre campos florecientes y praderas en luminosos días a
                              [las vísperas del verano

donde haya tierra, la araremos juntos
donde haya tierra, la atormentaremos juntos

donde se organizan campeonatos mundiales de canto de pájaros
                                                    [enjaulados
y se devoran a los ganadores pero se deja que los perdedores pasen
                                                    [a la historia

donde la historia abre sus puertas para todos los perdedores

donde las ventanas acusan a las puertas de abusar de las paredes

donde las puertas se van

donde las paredes hacen huelga y permiten que todo pase a través de ellas

donde allí es aquí y allí

Ingenstens

här är stenen som inte
har en plats i evigheten
här är stenen som inte ligger här,
här står det att stenen ligger här,
där i backen, renlav, risiga mossor,
knaggliga tallar, svarta skrangliga
svampiga svampar, är stenen här
är stenen som inte stävar inte
svävar någonstans, inte lättar, inte
får vingar, inte har en mun, stenen
som inte har någonting alls att säga,
här är stenen som inte lyssnar
på någon någonting alls här är stenen
som inte alls vet att den inte alls
lyssnar på någonting någon alls här
är stenen som inte ligger här
är stenen som inte
inte ligger här är sten för
sten för sten är bara byggsten
i min muns mummelkummel

Des(emplazamiento)

esta es la piedra que
no tiene lugar en la eternidad
esta es la piedra que no yace aquí,
aquí dice que la piedra yace aquí,
allí en la colina, líquen, musgo escaso,
pinos rugosos, hongos negros
tambaleantes, esponjosos, está aquí la piedra
esta es la que no va a ningún lado,
no flota en ninguna parte, no se eleva, no
adquiere alas, no tiene boca, la piedra
que no tiene nada en absoluto que decir,
esta es la piedra que no escucha
a nadie ni nada en absoluto esta es la piedra
que en absoluto no sabe
que no escucha en absoluto nada ni a nadie
esta es la piedra que no yace aquí
es la piedra que no
no yace aquí es piedra por
piedra por piedra que es solo piedra sobre piedra
en la *verbopétrea* de mi boca

Obra
För vad kroppen är värd
(Helsingfors, Söderström, 2004)

för det är ingen hemlighet
att det under gråa vägar som leder
in i avlägset orangea himlar glöder,
att det glöder under den grusiga
gråa yta du ligger på, glöden under
asfalten dammet som du trycker
ditt ansikte mot är inte hemlig,
det är ingen hemlighet att du
från tvåtusen meters höjd syns
som ett svart kors och att du läcker
blå andedräkt som sipprande
rinner ner i vägrenarna är
ingens hemlighet nej
det är ingen hemlighet att du
hellre skulle känna himlen
blixtra välva sig över dig,
och det är ingen hemlighet att
din hand trevar att din hand
håller ett rött spetsigt föremål att
din hand söker, din blankslitna
törst är ingen hemlighet
ingen hemlighet att vägen
är din att du önskar att
du kunde sjunka som
fjäril citrongul ner i eld

APROXIMACIÓN A UN SECRETO
porque no es ningún secreto
que bajo los caminos grises que conducen
a cielos remotos anaranjados algo resplandece,
resplandece bajo la superficie
gris y áspera en la que yaces, el resplandor bajo
el polvo del asfalto contra el que
presionas tu cara no es un secreto,
no es ningún secreto que
desde doscientos metros de altura te ves
como una cruz negra y saboreas
un aliento azul que se desliza
corre hacia las carreteras no
es ningún secreto no
no es ningún secreto que
tampoco puedas sentir el cielo
relampaguear y curvarse sobre ti,
y no es ningún secreto que
tu mano busca a tientas tu mano
que sostiene un motivo puntiagudo y rojo
que tu mano busca, tu sed
desgastada no es ningún secreto
ningún secreto que la ruta
es tuya que deseas que
pudieras hundirte como
una mariposa amarilla en el fuego

Av salt

vakna som skelett av salt
på en strand av sylklart ljus
vakna utan ögon för allt
det som ligger kvar
när vattnet dragit sig tillbaka
och natten runnit ut
tillbaka ner i mörka
kvava hålor ligga kvar
som kringspritt mönster:
låta salt stenar bit av
ben fingrar av hand
kranium fyllt av fuktig
sand bygga upp ett mönster
som försöker upprepa det
som benen en gång bar
med samma självklarhet
som denna ljusets tyngd
över det som ligger kvar

De sal

despierta como un esqueleto de sal
en una playa de luz notoria
despierta sin ojos para todo
lo que queda
cuando el agua se ha retirado
y la noche se ha ido
de nuevo hacia la oscuridad
pocilgas sofocantes quedan detrás
como monstruos esparcidos:
deja que las piedras saladas desgasten
los trozos de hueso de los dedos de la mano
el cráneo lleno de arena viscosa
construir un monstruo
que intenta repetirse
como una vez fueron las piernas
con la misma seguridad
como esta luz que pesa
sobre lo que queda

Fästad

men när vågor av mörk himmel gnistrande
stjärnor kalla skarpa skär sig spår genom dig
förblir du hel, du förblir förankrad med stålvajrar,
med spetsiga tyngder av bly förblir du förankrad
vid jorden djupt nere i dess gråa dess hårt
sammanpressade damm är du förankrad
och där din hud svagt glödande möter den svala
nattvinden sprakar det syns den tunna blåa linje
som är villkoret för att du andas, att du andas
nattluft, andas luftfärd, bundna svävande
tanklösa kropp översköljd av vågor, vågor
av mörk himmel när gnistrande vita stjärnor
kalla skarpa lyser upp stycken stunder
av ditt i det innersta bundna förankrade

Adherido

pero cuando las olas del cielo oscuro en estrellas
centelleantes frías nítidas abren senderos a través de ti
quedas intacto, quedas aferrado con cables de acero
con pesas puntiagudas de plomo quedas aferrado
en lo profundo de la tierra bajo su gris
su duro polvo comprimido estás aferrado
y allí tu piel resplandeciente débil encuentra
la fresca brisa nocturna crepita la delgada linea azul
que es condición para que respires, que respires
el aire nocturno, que es el acto de respirar, cuerpo
atado flotante necio anegado por las olas, olas
del cielo oscuro cuando las centelleantes estrellas blancas
frías nítidas iluminan trozos momentos
de tu ser en lo profundo atado y aferrado

Över

överlevandet, ett liv på en plats
för allt det som blir över, liv på
den plats där det som betyder
någonting samlas till slut, där
det enda som betyder någonting
är det i överflöd övergivna, så
känn stumt grus, känn hur du
inte längre vill, känn hur du
är i delar satt av vassa ögon
som sett hur de lögner som föll
som sot från skrammelekots
läderläppar snöade och fyllde
all den luft som kunde andas
och snöade och täckte dig
med vitblödande tystnad
och det som inte kan
är det som blir över,
och det som inte kan
räddas samlas på den plats
där det verkliga livet börjar:

mars

en ishinna över ögonen över ögat
lägger sig ett täcke av is att ligga
och drömma under, drömma om ljusets
drömma om vinden som vinande utanför
och som i en dröm ovanför dig turkos
dager silad genom is, se hur flingor av is

Lo que queda

la supervivencia: una vida en cierto lugar,
para todo lo que queda atrás, vida
en el sitio donde lo significante
termina por hallarse, donde
lo único que encarna algo
es lo abandonado hasta el exceso, así
palpa la grava muda, palpa cómo ya
no deseas, palpa cómo
quedas fragmentado por miradas acerinas
que vieron caer las mentiras
como hollín de un eco metálico
en labios de piel nevando y saturando
todo el aire que aún podía respirarse,
nevando hasta cubrirte
de un sangrante silencio blanco
y lo que no puede
es lo que permanece,
y lo que no puede
salvarse se halla en el lugar
donde la vida real comienza:

marzo

una lámina de hielo sobre los ojos, sobre el ojo
se posa un manto de hielo para yacer
y soñar debajo, soñar con la luz
soñar con el viento que silba afuera
y como en un sueño sobre ti, turquesa,
se filtra la claridad a través del hielo, mira cómo los copos

som lossnar från ditt ögontak faller ner
i dig och där möter dig och där i dig
möter blåa skinande underströmmar
för att föras av dem som kristaller för att
föras som svävande upplysta farkoster,
för att färdas bland dendriter, vävas in i
nystan av neuroner och bli de gnistrande
plötsliga ögonblick du kommer ihåg

que se desprenden del techo de tu ojo caen
en tu interior y allí te encuentran y allí en ti
encuentran hondas corrientes azules y brillantes
que los arrastran como cristales
que los arrastran como ligeras naves luminosas,
a viajar entre dendritas, a entretejerse
en madejas de neuronas y volverse
los súbitos instantes luminosos que recuerdas

Tidigt

och en tidigt ljusblå morgon
när våren rinner ner från himlen
simmar i ditt blanka rökblå ögonglas
snabba svarta tusenbeningar så
riv dig öppna ögats hinnor våga
älska molnen som i svart och vita
med snabbt välvande snabbhet mäter
den tid det tar för dig att vända dig
ett varv runt den blodiga axel
av skrapat ristat redan gulnat ben
som håller allt det du sagt upprätt
denna klara våta svåra vårdag

Temprano

y en una celeste mañana
cuando la primavera se derrama desde el cielo
nada en tu cristalino ojo azul humo
rápidos milpiés negros así que
desgárrate abre las membranas del ojo
atrévete a amar las nubes que en blanco y negro
a rápida y curva velocidad
miden el tiempo que te toma girar
sobre el hombro sangrante
de hueso ya amarillento, raspado y tallado,
que sostiene todo lo que alzado dijiste
en este primaveral día claro húmedo arduo

För vad kroppen värd

en insekt med vita vingar av sliten plast
en snöstekel som landar på min arm
en sexbent fågel som lägger sina ägg
marmorkulor med en liten svart pupill
närmast under huden där det är varmast
och vet att det finns tid, en vägg av ljus,
tunna band av någonting som håller fast,
och hud som blommar tidigt i april
och fladdrande i svärmar vita blad

Por lo que vale
el cuerpo

un insecto con alas blancas de plástico desgastado
una avispa de nieve que se posa en mi brazo
un pájaro de seis patas que pone sus huevos
canicas de mármol con una pequeña pupila negra
casi bajo la piel donde se haya lo cálido
e intuye que hay tiempo, un muro de luz,
delgados hilos de algo que lo sostiene,
y la piel que florece temprano en abril
y aleteando en enjambres, hojas blancas

Men hur små poeter finns det egentligen
(Helsingfors, S & S, 2008)
Obra

Eva-Stina Byggmästar

Autora
Jakobstad, Finlandia, 1967

SKRIVDONEN, BLANKNÖTTA,
säg inte att de dånar, det är mer
som ett sus! men din grace älskling,
oförliknelig, liksom din handstil, den
underbaraste bland de underbara –
när du lutar dig in i skrivpulpetens
ljuskägla ... hur du själv blir
osynlig och börjar sväva upp mot
taket, sväva högre och högre –
precis så där
som en liten dikt,
i dikten.

ENSERES, DESGASTADA HOJA EN BLANCO
no digas que retumba, ¡es más bien
como un susurro! Pero tu elegancia, amor,
única, como tu caligrafía, lo más
suntuoso entre lo suntuoso—
cuando te apoyas en el haz luminoso
del pupitre… como despareces
y comienzas a ascender hacia el
el techo, ascender más y más alto—
justo así
como un pequeño poema
dentro del poema.

DITT PORTRÄTT, MURGRÖNSOMSLINGRAT
du är en bohem, poetiskt trädbevuxen,
en grön —
se, där ute var en spirande äng lycksaligt
hjärta till förundran gyllene fallande
blommor kanske ett regn av solrosor –
och skriver det			*fortsätter*
plötsligt, det blir väldiga		*böljande*
landskap... växtvärldar,
floror som en gloria.

Tu retrato, del verdor de la hiedra
eres un bohemio, una arboleda poética,
un verdor—
mira, afuera había un prado en ciernes
un corazón dichoso en asombro dorado
flores caídas quizás una lluvia de girasoles—
y escribo esto   *continúo*
de repente, se vuelven enormes   *inquietos*
el paisaje… los mundos vegetales,
la flora como un halo.

DU VILL HA EN LYRIKLYA ... JAG GER DIG DEN
åh, du är en dikträv se rönnbären lyser
över oss de är små lyktor, små men vackra
se det blev min smala lycka hon sade den här
dikten har jag skrivit med en skatfjäder –
jag svarade men den blommande jättesolrosen
slår an alla strängar på min lilla harpa
och det här huset liknar om inte ett hjärta
så åtminstone en bok.

QUIERES UNA LÍRICA BREVE... AQUÍ LA TIENES
oh, eres un zorro de versos mira cómo arden las bayas
sobre nosotros, son lucecitas pequeñas pero hermosas
mira, se desfavorece mi fortuna, dijo ella, este
poema lo he escrito con una pluma de urraca
yo respondí, pero el gran girasol en flor
hace vibrar todas las cuerdas de mi arpa pequeña,
y esta casa se parece, si no a un corazón,
al menos a un libro

MINA VILDMARKSPOETER, MATAR DEM MED BLÅBÄRSGRÖT,
det tycker de om – ja, jag var som en mor för dem.
Men poeter, om det fanns sådana. bor, i små, hus,
soffor vill de ha väl insuttna och kuddar skall ju
faktiskt likna solrosor eller bara påminna om kottar
men poeterna skall vara små! för vi tycker bättre om
de små vi tycker att de är så praktiska att bära med
sig på skogspromenader av och an men så hundlikt
små eller hur hamsteraktigt de skriver medan vi räcker
dem skrivblock efter skrivblock tätskrivna dikter läser
de sedan för solen med sina allt för stora framtänder,
men vi tycker om dem, vi tycker att de är vackra
på något sätt är de fina, de liknar små gosedjur,
de gör också oss en aning poetiska.

A MIS POETAS SALVAJES LOS ALIMENTO CON PAPILLA DE ARÁNDANOS,
les encanta —sí, fui como una madre para ellos.
Mas los poetas, si es que existen, viven en casitas mínimas,
quieren sofás ya vencidos por los años
y los cojines como girasoles o que recuerden a los piñones
¡Mas si son poetas, han de ser pequeños! porque
nos gustan más así, tan fáciles de llevar
en las andanzas por el bosque, pero tan perrunos
en su pequeñez o tan hámster cuando escriben mientras
les pasamos cuaderno tras cuaderno, leen versos densos
al sol luego con esos dientes demasiado grandes,
mas nos gustan esos poetas, creemos que
son hermosos a su modo, parecen peluches vivos,
que asimismo nos vuelven un tanto poéticos.

Obra

Vagga liten vagabond
(Helsingfors, S & S, 2010)

VARFÖR INTE ... EN GRÖN ... DÖRR?! OCH VARFÖR INTE FARA
i en grön båt fram och tillbaka, men härinne sitter
de verkligen inte alls ... de släntrar bara omkring
så där ugglelikt ... lutar sig ned på lövbäddar ibland
suktande efter kandelaberkaktusarnas sällsamhetsljus
och när de igen vill till igelkottsväxterna ... så far de
i gröna ... båtar ... fram till en grön dörr!

* * *

NU TÄNKER JAG PÅ EN VÄG SOM ÄR RAK OCH
sedan på en som är krokig sedan på en som
är rak och sedan igen ... turvis och så vidare
tills jag inte kan tänka på nåt annat innan
jag tänker på en väg som är både rak
och krokig på samma gång –

* * *

DET GÅR VISST – JO, MEN DET GÅR AN
med en liten bungalow, närmast
en skogskoja, dock med en tjusig
utsikt som vetter mot en skog
av dvärgbananer, snöorkidéer
och ullkaktus –

¿POR QUÉ NO… UNA PUERTA… VERDE? Y POR QUÉ NO VIAJAR
en una barca verde, de ida y vuelta, mas aquí dentro
no se asientan en absoluto… solo deambulan
con gravedad de búhos… a veces reposan en lechos de hojas
suspirando por la extraña luz de los sahuaros
y cuando quieren volver a ser «plantas erizo»… parten
en barcas… verdes… ¡hasta una puerta verde!

***

ORA PIENSO EN UN CAMINO QUE ES RECTO Y
luego en uno que es curvo; después en uno que
es recto y luego de nuevo… así en turnos y en sucesivo
hasta que no puedo pensar en nada más
antes de pensar en un camino que es ambos
recto y curvo a la vez—

***

PARECE FACTIBLE —SÍ, PERO PARECE MEJOR
con un pequeño bungaló, más bien
una choza, aunque con una vista
encantadora que da hacia un bosque
de plátanos enanos, orquídeas níveas
y cactus de lana—

* * *

MEN TAG MIG
med, jo gör det
till de honungsdoftande
ravinerna, till en blomstergrotta,
en djungelglänta – ja, till källan själv!
Och sjung där
för mig vackrare än
en cikada.

*   *   *

PERO LLÉVAME
contigo, sí, hazlo,
hacia los barrancos
perfumados de miel, hacia una gruta florecida,
hacia un claro en la jungla —¡sí, hasta la misma fuente!
Y canta allí
para mí, más hermoso
que una cigarra.

Obra

*Hundarna sover i mitt hjärta
men jag är vaken*
(Helsingfors, S & S, 2025)

II

När jag såg mig själv
i badrumsspegeln
en kylig morgon
i februari upptäckte
jag att mitt filosofskägg
hade vuxit en halv
meter under natten
fullt tillräckligt
för att jag med
lite god tur äntligen
skulle kunna fastna
med det i brevlådan

II

Cuando me vi frente
al espejo del baño
una fría mañana
de febrero, descubrí
que mi barba filosófica
había crecido medio
metro durante la noche,
lo suficiente
como para que, con
un poco de buena suerte, finalmente
pudiera engancharme
con ella en el buzón.

Under ett tidigare
utvecklingsskede tryckte jag mig
mot marken och det var ibland
omöjligt att skilja på var marken
började och jag själv slutande
ibland händer det fortfarande
att jag söker upp någon skreva
klyfta spricka eller grotthåla
för att återkoppla till ett mer
instinktivt utvecklingsstadium
och då sprider sig en känsla av
déjà vu till kroppens alla
vinklar och vrår

Durante una prematura
etapa de evolución me aplastaba
contra el suelo y a veces era
imposible distinguir dónde comenzaba
la tierra y dónde terminaba yo
a veces todavía sucede
que busco alguna grieta,
hendidura o cueva
para reconectarme con una fase
más instintiva del desarrollo
y entonces se expande una sensación de
déjà vu por todos los rincones
y recovecos de mi cuerpo

DAGDRÖMMARE HAR GÄLAR
i stället för lungor - de är
regnbågsskimrande salamandrar
för att inte säga lungfiskar som dröjer
sig kvar i evolutionens tidsficka -
i ett hologram som består av bara
gölar pölar och diken
i dagdrömmarens sällskap
är det som att gå i sömnen
i dagdrömmarens sällskap
är det som att gå och fiska -
man känner något stort
röra sig
under ytan

Los soñadores diurnos tienen branquias
en lugar de pulmones —son
salamandras iridiscentes
por no decir peces pulmonados que se quedan
en el bolsillo del tiempo de la evolución—
en un holograma que consiste solo
en charcos, pozos y zanjas
en compañía del soñador diurno
es como caminar dormido
en compañía del soñador diurno
es como ir a pescar—
uno intuye algo enorme
que se mueve
bajo la superficie

JAG ÄR EN GRÅSTEN
förbi av snyftningar
och hulkanden en gråkall
januaridag då känslostormen
redan rasat i veckor månader
och årmiljoner
jag är en slägga av tårar
jag är ett bibliotek av tårar
jag är ett lokomotiv av tårar
jag är en kamel av tårar
jag är ett jaktplan av tårar
jag är en polkagris av tårar
jag är en Berlinmur av tårar
jag är ett pariserhjul av tårar
jag är ett Mount Everest av tårar -
mitt hjärta känner inga gränser

Soy una piedra gris
de sollozos pasados
y gemidos, un día gélido
de enero cuando la tormenta emocional
ya había rugido durante semanas, meses,
y millones de años
soy un martillo de lágrimas
soy una biblioteca de lágrimas
soy una locomotora de lágrimas
soy un camello de lágrimas
soy un avión de combate de lágrimas
soy un bastón de caramelo de lágrimas
soy un muro de Berlín de lágrimas
soy una rueda de la fortuna de lágrimas
soy un Monte Everest de lágrimas—
mi corazón no conoce límites

ÄR DET BARA JAG
som inte vet var
jag ska lägga mitt
skymningsblå ägg -
kokongen av
predestinerade
hjärnstormar
en tidskapsel
av framtida tidsepoker
ännu mörkare
än den här
komplett med litteraturens
svanödla och drifter -
ett levande fossil

¿SOLO YO IGNORO
dónde poner
mi huevo azul
del crepúsculo?—
la crisálida de
auguradas tormentas
cerebrales
una cápsula de tiempo
de épocas futuras
aún más sombría
que este
archivo literario de reptiles/arcaicos
e impulsos—
un fósil viviente

IDAG VAKNADE JAG
upp med hästansikte
nu sitter jag här
och försöker tråckla
ihop min själ med den
splittrade tillvaron
som galopperar åt alla
håll samtidigt

Hoy me desperté
con cara de caballo
ahora estoy aquí
intentando remendar
mi alma con la
realidad fragmentada
que galopa simultáneamente
a todas direcciones

Jag är en bastard
min släkttavla befolkas av
utomjordingar och skräcködlor
från parallella universum
själsresenärer på rymmen
från sig själva
jag är Schrödingers hund
jag är framtidens grottmålningar
jag är på drift genom evigheten
en kosmopolit i ordets
egentliga bemärkelse
jag är negationen
förkroppsligad

Soy un bastardo
mi árbol genealógico está poblado por
extraterrestres y dinosaurios
de universos paralelos
viajeros del alma en huida
de sí mismos
soy el perro de Schrödinger
soy las pinturas rupestres del futuro
estoy a la deriva a través de la eternidad
un cosmopolita en el sentido
más auténtico de la palabra
soy la negación
encarnada

Jag behövde
aldrig gå i skola
för att lära mig stå
i givakt
jag var en naturbegåvning -
ställde mig bredvid tårpilen
och doppade mina grenar
i sorgens flod
jag sov i givakt på min nattvakt
och ibland landade det sammetsfåglar
med uråldriga människoansikten
i min krona - resenärer från
svindlande rymder

Nunca necesité
ir a la escuela
para aprender a estar
en posición de firmes
era un prodigio natural—
me ponía al lado del sauce llorón
y sumergía mis ramas
en el río de la tristeza
dormía en posición de firmes durante mi turno de noche
y a veces llegaban pájaros aterciopelados
con rostros humanos ancestrales
a mi copa —viajeros de
vertiginosos espacios

Skogen är
mitt omklädningsrum –
här byter jag till duvhökens
pojkaktiga skrik och hermelinens
drömska vithet
//
här får jag låna skogsharens
snöskor och hasselmusens
djupa vintersömn
//
här kan ja förstå det
som inte går att förstå -
trädens medlidande
med alla rotlösa och
vinddrivna existenser

EL BOSQUE ES
mi ropero de cambio—
aquí me transmuto al chillido juvenil
del azor y a la blancura
soñadora del armiño

aquí tomo prestadas las raquetas de nieve
de la liebre de montaña y el profundo
sueño invernal del lirón enano

aquí puedo comprender
lo incomprensible—
la compasión de los árboles
por todas las desarraigadas
existencias, arrastradas por el viento

Sobre la traductora

Lisbet Jover Tamayo (Santiago de Cuba, Cuba, 1989) es filóloga hispanista, maestra de idiomas, lingüista. Humanista de formación académica en Cuba, Finlandia, Suecia y España. Se desempeña como traductora del sueco e inglés al español desde 2023. Debutó como traductora literaria en 2025 con una serie de publicaciones de poesía finlandesa en las revistas literarias *Rialta* y *Solavaya*, radicadas en Estados Unidos, y la plataforma Sivuvalo, de Finlandia. Trabaja como traductora colaboradora del inglés al español en el grupo Susurros Chinos, radicado en Argentina. Asimismo, es miembro de Översättarcentrum en Suecia y ACE Traductores en España. Su vida transcurre nómadamente entre regiones, lenguas y lecturas. Curiosa de la versatilidad del arte.

Índice